AF331510

COURS

DE

VERSIONS ALLEMANDES

A L'USAGE DES CLASSES DE GRAMMAIRE

AUTRES OUVRAGES DE M. EICHHOFF :

Morceaux choisis en prose et en vers des classiques allemands, publiés pour répondre aux programmes des lycées et du baccalauréat. 3 vol. in-12, cartonnés :

Première série : *Cours de Troisième.*   1 fr. 50
Deuxième série : *Cours de Seconde.*   2 fr. 50
Troisième série : *Cours de Rhétorique.*   3 fr.

Cours de thèmes allemands, précédé d'un résumé de grammaire allemande, à l'usage des classes de grammaire et d'humanités. 1 vol in-12, cartonné.   2 fr.

Les racines de la langue allemande, rangées par désinences, avec des principes d'étymologie comparée. 1 vol. in-12, cartonné.   1 fr.

Cours de versions anglaises, à l'usage des classes de grammaire ; étude préparatoire aux *Morceaux choisis.* In-12, cartonné   2 fr.

Morceaux choisis en prose et en vers des classiques anglais. 3 vol. in-12, cartonnés :

Première série : *Cours de Troisième.*   1 fr. 50
Deuxième série : *Cours de Seconde :*   2 fr. 50
Troisième série : *Cours de Rhétorique.*   3 fr.

Cours de thèmes anglais, précédé d'un résumé de grammaire anglaise, à l'usage des classes de grammaire et d'humanités. 1 vol. in-12, cartonné.   2 fr.

Les racines de la langue anglaise rangées par désinences, avec des principes d'étymologie comparée. 1 volume in-12, cartonné.   1 fr.

Grammaire générale Indo-européenne, ou comparaison des langues grecques, latine, française, gothique, allemande, anglaise, et russe, entre elles et avec le sanscrit. 1 vol. in-8°   6 fr. 50

PARIS. — IMP. V. GOUPY, RUE GARANCIÈRE. 5.

COURS

DE

VERSIONS ALLEMANDES

A L'USAGE DES CLASSES DE GRAMMAIRE

ÉTUDE PRÉPARATOIRE

AUX MORCEAUX CHOISIS DES CLASSIQUES ALLEMANDS

PAR F. G. EICHHOFF

Inspecteur de l'Académie de Paris
Professeur honoraire de la Faculté de Lyon
Correspondant de l'Institut

NOUVELLE EDITION

Revue et annotée

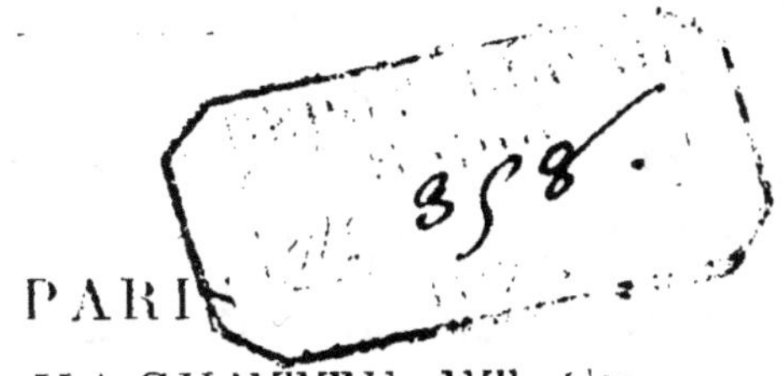

PARIS

LIBRAIRIE HACHETTE ET Cⁱᵉ

79, BOULEVARD SAINT-GERMAIN, 79

1875

PREFACE.

Persuadé depuis longtemps que l'étude des langues vivantes ne saurait être efficace si elle n'est commencée de bonne heure, nous avions préparé ces Exercices, destinés aux classes de grammaire et devant naturellement servir d'introduction à nos Morceaux choisis.

Divers arrêtés ministériels ont confirmé nos prévisions et satisfait de la manière la plus complète aux vœux et aux intérêts des familles. Heureux de contribuer, selon notre pouvoir, à seconder ces mesures si sages, si généralement approuvées, nous avons réuni dans ces volumes, soit pour l'allemand, soit pour l'anglais, des Cours gradués de Versions et de Thèmes, qui reproduisent successivement les éléments du vocabulaire, la flexion des mots, la construction des phrases, dans une série de textes faciles accompagnés de notes explicatives. L'expérience de plusieurs professeurs distingués, qui ont bien voulu nous prêter leur active collaboration, est un sûr garant de l'utilité pratique de cet ouvrage, lequel, de concert avec les Grammaires usuelles et d'autres Recueils justement estimés, s'adresse aux élèves de septième, de sixième, de cinquième, de quatrième, ainsi qu'à ceux des classes professionnelles. Deux vocabulaires spéciaux de Racines allemandes et anglaises, rangées d'après leurs désinences, avec des règles de formation et d'étymologie, font de ces six volumes d'Exercices un Manuel d'enseignement élémentaire complet.

TABLE DES MATIÈRES

IV. — SOUVENIRS ET RÉCITS.

V. — CARACTÈRES ET TABLEAUX.

LETTRES ET DIALOGUES.

FIN DE LA TABLE.

COURS

DE

VERSIONS ALLEMANDES

I

PHRASES SIMPLES[1].

I

SUBSTANTIFS. — DÉCLINAISON FORTE.

NOMS MASCULINS, GÉN. (e)s, PLUR. e, AVEC INFLEXION.

Suppression de l'e dans les terminaisons en el, er, en, em.

**Verbes de la conjugaison faible, régulière,
au présent et au prétérit.**

1. Der Winzer lobt den Wein.
2. Der Greis hat einen Stab.
3. Die Stäbe des Zaunes krachen vom Winde.
4. Die Stürme stürzen die Bäume zu Boden.
5. Die Degen der Offiziere blitzten im Glanze des Mondes.

---

1. Les divisions de cette première partie correspondent à celles
de la Grammaire placée en tête de notre *Cours de Thèmes
allemands.*

6. Liebe deinen Vater, deinen Bruder, deinen Oheim, deinen Lehrer.

7. Suchet euren Trost in Gott; er segnet seine Söhne.

8. Folgen wir den Wünschen unsers Freundes.

9. Dein Schwager schickte mir gestern einen Brief mit vielen Grüßen.

10. Ludwig und Karl fällten die Stämme dieser Bäume.

11. Der Schweiß des Volkes macht viele reich, und sein Fleiß ehret seinen Stand.

12. Die Mutter liebt ihre Töchter so gut wie ihre Söhne.

II

NOMS MASCULINS, GÉN. (e)s, PLUR. e, SANS INFLEXION.

1. Die Dolche der Wilden tödten oft beim geringsten Stich.

2. Die Aale, die Barse, die Salme wimmeln in diesem Fluß : sie sind groß und schmackhaft.

3. Diese Hunde und diese Dachse lebten sehr gut zusammen.

4. Die Strauße brüten im Sande; ihr Laufen ist so schnell als das eines Pferdes.

5. Die Pfade der Tugend führen zum Glück.

6. Du suchst vergebens den Gipfel dieses Berges; du machst unnütze Versuche, mein Freund.

7. Die Schuhe schützen vor den Steinen des Weges.

8. Du jammertest an diesen Tagen : wir trösteten dich und du danktest.

9. Betrachtet die Hufe dieser Pferde : sie sind schön geformt.

10. Ich kaufte heute schöne Stoffe; ich verkaufe sie jetzt an allen Orten.

11. Der Landmann machte aus den Halmen kleine Bündel, und häufte sie zusammen.

12. Die Kinder lispeln Laute der Wonne.

III

NOMS MASCULINS, GÉN. (e)s, PLUR. er, AVEC INFLEXION.

1. Die Männer waren stark und fromm.

2. Die Götter Rom's und Griechenland's leben noch heute bei den Dichtern.

3. Die Würmer nagen an den Leibern, aber die Seelen sind unsterblich wie ihr Schöpfer.

4. Die Wälder schmücken die Berge und krönen ihre Gipfel.

5. Blühende Sträucher zierten die Ränder der Teiche, der Flüsse und Bäche.

6. Diese Bösewichter mordeten und plünderten alle Leute.

7. Die Vormünder verwalten das Vermögen der Waisen, und bilden sie an Leib und Seele.

8. Die Reichthümer trösten nicht immer über die Irrthümer.

9. Man erblickt in vielen Thälern angenehme Örter.

10. Verschmähet nicht die Geister des Alterthums.

11. Mein Vetter streifte in den Wäldern umher.

12. Die Ärzte heilen unsere Leiber, aber nicht unsere Seelen.

IV

NOMS NEUTRES, GÉN. (e)s, PLUR. e, SANS INFLEXION.

(Sauf quatre exceptions.)

1. Man verrammelt die Thore mit Steinen und Baumstämmen.

2. Du lobtest die Haare des Jünglings, allein sie waren nicht sein.

3. Die Jahre folgten auf einander, und meines Elends war kein Ende.

4. Vier Paare sind am Menschen, nämlich zwei Arme, zwei Beine, zwei Augen, zwei Ohren; aber er hat nur einen Mund.

5. Der Mensch soll folglich viel arbeiten, viel gehen, viel sehen, viel hören, aber wenig reden.

6. Die Chöre der Alten machten eine große Wirkung auf der Bühne.

7. Die Flöße leisten dem Handel wichtige Dienste; sie machen viele Umwege entbehrlich.

8. Die Taue und die Segel dieses Schiffes dauerten schon seit langer Zeit.

9. Die Moore zeigten unserm Blicke ihre stille, strahlende Oberfläche.

10. Die Böte unserer Freunde segelten auf den Wellen dahin.

V

NOMS NEUTRES, GÉN. (e)s, PLUR. er, AVEC INFLEXION.

1. Die Räder dieses Wagens rollten geschwind auf dem Wege nach den Dörfern dahin.

2. Du kauftest gestern einige Bücher; zeige sie uns heute; das macht uns Freude.

3. Prüfe die Festigkeit dieser Dächer; der Schieferdecker lobt seine Arbeit.

4. Die Schlösser der Ritter prangten ehemals auf hohen Bergen, und waren dem Feinde unzugänglich.

5. Die Fächer dieses Bücherschranks haben mir viel Geld gekostet.

6. Man erblickt heilsame Kräuter auf den kahlsten Felsen.

7. Diese Eier sind nicht frisch; ich kann sie nicht essen.

8. Wir nagelten diese Bretter zusammen und machten einen Tisch daraus.

9. Die Häuser und die Paläste dieser Hauptstadt deuten auf den Reichthum der Einwohner.

10. Die Kälber saugen am Euter der Kühe und hüpfen dann auf den Feldern umher.

11. An den Kleidern dieser Kinder merkte ich bald Löcher und Flecken.

12. Die Völker rühmen die guten Herrscher sogar bei ihren Lebzeiten.

VI

NOMS FÉMININS, GÉN. INVARIABLE, PLUR. *e*, AVEC INFLEXION.

1. Die Finsterniß deckte unsere Schritte und schützte uns vor unseren Feinden.

2. Unsere Betrübnisse auf Erden bürgen uns für ein ewiges Glück im Himmel.

3. Die Nächte strahlen im Glanz des Mondes und stimmen die Seele zur Andacht.

4. Tröste deine Mutter in den Ängsten des Lebens; ihre treuen Brüste säugten dich; erfreue sie in ihren Nöthen.

5. Wartet dieser Früchte auf den Bänken, und entfernt die gierigen Gänse.

6. Die Mäuse nagen an den Nüssen, und der Wind zerstreut die Schalen in die Lüfte.

7. Die europäischen Großmächte sind Frankreich, England, Rußland, Preußen und Oestreich.

8. Die Wollüste richten Leib und Seele zu Grunde.

9. Die Künste reichen einander die Hände: sie bilden eben so viel Kräfte zum Dienste der Menschheit.

10. Die Häute mancher Thiere dienen uns zur Bekleidung der Füße und Hände.

11. In vielen Städten wandeln die Bräute am Arme ihrer Gatten am Tage der Hochzeit.

12. Grüfte und Klüfte sind bei weitem nicht dasselbe.

VII

SUBSTANTIFS. — DÉCLINAISON FAIBLE.

NOMS MASCULINS, GÉN. en, PLUR. en, SANS INFLEXION.

**Verbes faibles, réguliers, au parfait
et au plus-que-parfait.**

Place du participe.

1. In diesem Thiergarten hat man uns Löwen, Affen, Springhasen gezeigt.

2 Man sagt, dein Vater habe seinen Neffen nie vor dir gelobt.

3. Die Boten hatten ihren Auftrag besorgt.

4. Der Freiherr hatte schon während seines Lebens den Erben gewählt.

5. Ein biederer Mann braucht keine Ahnen : er hat seinen Adel aus sich selbst geschöpft.

6. Hirten, Sclaven, Grafen und Fürsten sind alle vor Gott gleich.

7. In diesem Hause hätten Thoren, Narren, Gecken gewohnt aber wir gönnten ihnen den Ort nicht.

8. Ich glaube es nie, daß dein Bruder mit Lumpen und schlechten Burschen gelebt habe.

9. Bären und Ochsen haben sich von jeher vor starken Menschen gefürchtet.

10. Die Preußen, Sachsen, Baiern und Schwaben hatten nun den Krieg nicht nur gegen den Kaiser, sondern auch gegen die Franzosen gewälzt.

VIII

NOMS MASCULINS ÉTRANGERS, GÉN. en, PLUR. en, SANS INFLEXION.

Verbes faibles, réguliers, au futur et au conditionnel.

Place de l'infinitif.

1. Die Soldaten würden sich ihrer Haut tapfer gewehrt haben ; man wagte sich aber nicht an sie.

2. Sie werden diesen Komödianten loben, denn er wird heute sehr gut spielen, wie immer.

3. Die Artilleristen werden bald ihre Kanonen gegen die Mauern der Festung richten.

4. Der Scholiast wird uns die Arbeit leichter machen; wir würden ohne ihn weder diesen Philosophen noch jenen Philologen verstehen.

5. Du solltest diesen Patriarchen der schönen Künste höher schätzen; aber seine Zeitgenossen waren ihm nicht hold.

6. Die Hydrioten wirst du in diesem Kriege hochstellen; sie werden ihrem Lande als ein großes Vorbild voranleuchten

7. Die Abonnenten dieses Blattes sollen ihm bald ihren Unwillen zeigen; man wird umsonst hoffen sie wieder zu kriegen.

8. Der Fleiß dieses Astronomen wird in Kurzem über viele Hindernisse gesiegt haben.

9. Die Geographen werden dieses Land genau beschreiben.

10 Die Studenten sind nicht immer fleißig; doch sie werden es mit der Zeit.

IX

NOMS FÉMININS, GÉN. INVARIABLE, PLUR. en, SANS INFLEXION.

Verbes seyn, haben et werden.

1. Deine Schwestern sind die Königinnen des Festes gewesen; meine Basen werden ihre Freundinnen seyn.

2. Rosen, Levkojen, und Nelken werden der Schmuck dieser Fluren seyn.

3. Die Spuren unserer Thaten haben hier keine Dauer.

4. Ohne allerlei Tollheiten hätte dein Freund sein Vermögen bewahrt.

5. Die Schmeicheleien sind mir schon längst eine unverdauliche Speise.

6. Ohne Redlichkeit hast du kein Glück.

7. Religion, du bist mir immer eine Trösterin gewesen : sey mir auch immer ein Licht.

8. Was wären alle Würden und Ehren des Lebens, ohne die Hoffnungen des Glaubens, jene göttlichen Saaten !

9. Werde, junges Mädchen, deinen Gespielinnen ein Muster aller Tugenden !

10. Die Pilgerschaften waren im Mittelalter sehr üblich.

11. Edel seyen die Frauen, hülfreich und gut; denn das ist ihr Beruf, wie des Mannes der Muth.

12. Die Diebe haben die Schachteln und Schubladen rasch geleert.

X

SUBSTANTIFS. — DÉCLINAISON MIXTE.

NOMS MASCULINS, GÉN. (e)s, PLUR, en, SANS INFLEXION.

Verbes passifs.

1. Die Masten dieser Schiffe sollen mit Lorbeeren bekränzt werden.

2. Deutschland wurde ehemals in Gauen getheilt.

3. Die Pfauen müssen aus diesem Hofe weichen.

4. Die Forsten dieses Landes wären ohne mich schon längst mit der Axt gelichtet worden.

5. Unsere Nachbarn mußten von ihren Freunden getrennt werden.

6. Deine Sporen werden nächstens vom Gehen gekrümmt; du solltest sie in deinen Ranzen stecken.

7. Diese großen Staaten können schnell in's Verderben gestürzt werden.

8. Die Strahlen des christlichen Glaubens leuchten dem Menschen auf seinem täglichen Gang durchs Leben. Glücklich, wer davon erquickt werden mag !

9. Ohne Stachel ist nie dieser Ochs von uns gelenkt worden. Darf ich es anders wagen?

10. Die Unterthanen dieses Königs werden von Gott gesegnet: sie sind arbeitsam und fromm.

11. Diese Gauen wollen wir morgen bereisen. Heute laßt uns ruhen.

12. Warum wolltest du nicht mit mir die Seen Italiens besuchen? Laß mich die Ursache hören!

XI

NOMS NEUTRES, GÉN. (e)s, PLUR. en, SANS INFLEXION.

Verbes passifs (suite).

1. Die Leiden unseres Herrn Jesu Christi waren von den ältesten Sehern Gottes prophezeit worden.

2. An alle Enden der Stadt Moskau wurde zugleich Feuer gelegt.

3. Seine Augen sind vom schweren Übel geheilt worden.

4. Bei welchem Kaufmann sind diese Hemden genäht worden? Gewiß, du wurdest angeführt.

5. Die Wände haben Ohren, wie man sagt; doch diese werden öfters getäuscht.

6. Vermittelst der Büchse werden die größten und stärksten Thiere, wie kleine Insekten, zu Boden gestreckt; eine Flintenkugel erlegt den Löwen.

7. Die Juwelen der Krone werden in einem besondern Gebäude aufbewahrt.

8. Seine Pistolen waren ihm geraubt worden: er suchte sie vergebens.

9. Meine Interessen waren diesem Advokaten heilig: sie wurden von ihm geschützt und gerettet.

10. Das Licht des Auges wird ihm von seinem Übel geraubt werden; der Arzt hofft vergebens.

11. Alle Herzen wurden ihm geneigt.

12. Die Pronomen und die Verben sind in dieser Aufgabe sorgfältig gewählt worden.

XII

PRONOMS ET PRONOMINAUX.

PRONOMS PERSONNELS.

Verbes avec préfixes inséparables,

Suppression de ge au participe passé.

1. Gehorchen wir den Vorschriften Gottes; ihm hat es immer gehört die Menschen zu leiten und zu beherrschen.

2. Du hast mich versucht; es ist dir aber nicht geglückt.

3. Für euch hat dieser Held sein kostbares Blut in vielen Schlachten verspritzt.

4. Die Ratze hat die Nüsse zernagt; aber unsere Katze hat ihr endlich das Fell zerzaust.

5. Warum hat Ludwig die schöne Zauberlaterne zersplittert? Mache ihm Vorwürfe.

6. Was hat Franz gethan? Er hat seinen Garten mit Obst=bäumen bepflanzt.

7. Wir suchen vergebens deinen Freund; ich habe ihn gestern erblickt als er ausfuhr.

8. Ihr hättet euch ewige Treue gelobt : aber es war zu spät; man mußte sich trennen.

9. Ich hatte viel Geld erspielt; ich verspielte es aber bei deinen Vettern.

10. Was hat dich uns entfremdet? Euer Betragen.

11. Was ich empfunden, habe ich ihr erzählt.

12. Er und sie haben meine Worte mißdeutet.

13. Gedenke ihrer und meiner; es sei dir eine Warnung.

14. Gott hat sich unser und euer erbarmt.

XIII

PRONOMS PERSONNELS DE POLITESSE.

Verbes avec particules séparables.

Maintien de ge au participe passé.

1. Die Schwalben zwitschern an diesem Fenster ihren Jungen muntere Lieder vor. Haben Sie nicht Ihre Freude daran?

2. Sehen Sie her : sie füttern ihre Brut mit Würmern und Insekten; kommen Sie denn herzu, sie anzuschauen.

3. Die Vögelchen strecken ihre Schnäbel dem Fraß entgegen. Johann, hole Er mir auch einen Wurm und eine Larve herbei, und Sie, Fredericke, halte Sie immer das Fenster offen und scheuche Sie die Mütter nicht davon!

4. Diese Rosen blühen in der Morgensonne auf; so möge auch Eure Seele, gutes Fräulein, in der Liebe Gottes aufblühen.

5. Wir waren im Begriff anzulanden; die Wilden gafften unser Schiff an und suchten uns dann auf dem Lande allerlei Waaren abzutrotzen. Was hätten Sie da gethan?

6. Lesen Sie die Beschreibung unserer Reise, werther Herr; sie wird einen großen Reiz für Sie und Ihre Familie haben.

7. Palämon baute den Damm auf und lächelte in den Schatten des Baumes hin; dieses Bild zeigt es Ihnen vor.

8. Kennen Sie die Geschichte Penelopens : sie trennte jede Nacht ihr Gewebe auf.

9. Sie haben bei dieser Sache Ihre Ehre und Ihr Geld eingebüßt.

10. Hören Sie nun einmal auf, mir Liebe und Anhänglichkeit vorzulügen. Ich glaube Ihnen nicht.

XIV

PRONOMS POSSESSIFS.

Verbes réfléchis.

1. Dieser Beamte brüstete sich sehr auf sein Verdienst; er glaubte seines Gleichen nicht zu haben.

2. Meine Blume ist hübsch, aber die seinige ist reitzend.

3. Hast du deinen Degen umgegürtet? Meinen habe ich schon an der Hüfte; spute dich.

4. Wir wollen das unserige thun, um uns der Achtung deiner Mutter und ihrer Schwester würdig zu machen.

5. Wirst du dich endlich über dein Betragen schämen? Schon lange schämen wir uns über dich; schenke mir durch deine Reue meine Ruhe wieder.

6. Ihr habt euch ganz umgestaltet; eurem so glücklichen Einfall klatsche ich Beifall zu.

7. Wer soll sich unser erbarmen? Wir tragen ja keine Sorge für unsere Seelen.

8. Zwei Bücher berühren sich auf meinem Pulte, das deinige und das meinige.

9. Dieser Mensch hat seine Grillen überall in der Welt herum getummelt.

10. Ein jeder thue das seine und freue sich des Lichts.

XV

PRONOMS DEMONSTRATIFS ET RELATIFS.

Verbes réfléchis.

Phrases subordonnées.

1. Strafen Sie doch jenen Schüler, der sich erdreistet Ihnen so unhöflich zu antworten.

2. Gegen wen haſt du dich ſo erhitzt? Gegen dieſen Lohndie=
ner, der mir mein Gepäck nicht richtig beſorgt hat.

3. Dieſes Kind wird ſich erkälten in dieſen Kleidern, die für
den Winter zu dünn ſind.

4. Früh übt ſich, wer ein Meiſter werden will.

5. Welche von jenen Straßen die ſich kreuzen, ſoll ich wählen?

6. Was iſt das für eine Nachricht, worüber du dich ſo ſehr
freueſt?

7. Was ſich der Tell getraut, das konntet ihr nicht wagen?

8. Derjenige, welcher ſich ſeiner Fehltritte nicht ſchämt, ver=
dient keine Achtung.

9. Der Mörder, der ſich erſt geflüchtet hatte, bietet nun ſelbſt
ſich dar.

10. Wer hat ſich erlaubt dieſes Buch zu nehmen?

11. Wem haſt du dieſes geſagt? Wird er ſich deſſen erin=
nern.

12. Herr L... erkundigt ſich immer mit derſelben Theilnahme
nach Ihrem Befinden. Welch ein Glück einen ſolchen Freund zu
haben!

XVI

NOMBRES CARDINAUX.

Verbes unipersonnels.

1. Um wie viel Uhr hungert es dich morgens? Um neun,
oder ein viertel nach neun.

2. Es wird dich um zehn Uhr dürſten.

3. Es hat ſchon halb eilf geſchlagen.

4. Um zwölf, oder ein viertel auf eins ſoll die Arbeit auf=
hören.

5. Um drei viertel auf zwei fängt ſie wieder an.

6. Wir waren fünfzehn in dieſem Garten; es gelüſtete uns
die herrlichen Birnen zu koſten.

7. Es regnete so sehr, daß wir uns nicht gegen den Regen schützen konnten. Einer von uns opferte sich für die neun übrigen auf und holte Regenschirme.

8. Gestern hat es gehagelt: sechs und zwanzig von unsern Buchen sind beschädigt worden.

9. Es hat fürchterlich gedonnert: zwei unserer Hämmel wurden vom Blitz gerührt, die übrigen acht und vierzig sind krank; unter diesen werden kaum dreißig genesen.

10. Mich wundert, daß Johann nicht kommt: er und seine sieben Freunde sollten schon da seyn.

11. Mich dünkt, es seyen der guten Dinge mehr als drei. Es sind ihrer hundert vielleicht, tausend gar.

12. Es wird alle acht Tage hier gespielt und getanzt.

13. Es steht bei euch unser fünf und fünfzig glücklich oder unglücklich zu machen.

14. Es schläferte uns erst nach einer Arbeit von vierzehn Stunden; aber wir wurden doppelt belohnt.

XVII

ADJECTIFS.

ADJECTIF ATTRIBUT.

Forme invariable. — Construction simple.

1. Man hat diesem Schüler eine Mappe geschenkt; sie ist sehr schön, doch etwas zu breit.

2. Die Schülerin hatte ihr Heft geholt; es war blau und dünn.

3. Dein Lehrer ist krank; er wird aber bald, hoffe ich, geheilt werden.

4. Mein Nachbar war getadelt worden, denn er war faul, widerspenstig und falsch.

5. Deine Eltern werden getröstet werden; sie sind unglück=
lich, aber voll Vertrauen zu Gott.

6. Wir sind öfters zur Arbeit gemahnt worden; denn Arbeit
ist gesund für Leib und Seele.

7. Diese Mädchen waren munter und vergnügt, denn sie
wurden zu ihren Müttern geführt.

8. Das Brod ist hart geworden; es soll heute noch von uns
verzehrt werden.

9. Karl sagte heute, er hoffe der erzürnte Lehrer werde ihm
wieder gnädig.

10. Rüste dich zu den Kämpfen der Welt: sie sind furcht=
bar, doch ehrenvoll für einen Christen.

11. Ihr Kinder werdet fromm, gescheidt und gut; sonst wer=
det Ihr ohne Lohn bleiben.

12. Säet Wohlthaten aus; sie allein öffnen euch die Thore
des Himmels; sie allein sind ewig wie ihr selbst.

XVIII

DÉCLINAISON FORTE DES ADJECTIFS.

Terminaisons er, e, es.

Construction affirmative.

1. Gute Lehrer machen nicht immer gute Schüler.

2. Das Gewissen frommer Leute ist wie ein Spiegel ohne
Flecken.

3. Gutmüthigen Menschen Unwahres vorschwatzen, heißt
sich selbst großes Übel zufügen.

4. Schnellen Schiffen leichte Segel; trägen Dienern harte
Herrn.

5. Gleiches mit Gleichem vergelten ist ein Sprichwort der
Heiden. Christliche Menschen verschmähen dasselbe.

6. Ungetreuer! Schamloser Betrüger, pfui über dich! Hebe dich vor meinen Augen weg.

7. Freche Lügen zeugen wider den Lügner; reine Wahrheit erzeugt dauerhaften Segen.

8. Süßer Wohllaut ruht in der Saiten Gold.

9. Fromme Gedanken erfüllten mein Herz und wiegten es in Ruhe.

10. Auf, tapfrer Krieger; rücke mit dem Gewehr vorwärts und zeige dich dem Feinde.

11. Feige Gedanken, bängliches Schwanken, machen aus Männern Memmen.

12. Schrecke die deinen nicht mit unnützen Drohungen.

XIX

DÉCLINAISON FAIBLE DES ADJECTIFS.

Terminaison commune e.

Construction interrogative.

1. Kämpfet der wackere Bruder noch immer gegen die bösen Feinde seines Vaterlands?

2. Jenen heitern Himmel, wo oben die Sterne leuchten, habe ich bewundert. Merkst du auch den milden Glanz des Mondes?

3. Manche Völker beten die funkelnde Sonne an. Loben die Heiden denn nicht Gott, wenn auch nur in seinen Werken?

4. Suchst du die hüpfenden Zicklein, o Hirt? Dort, unter dem schattigen Baum, wirst du ihrer gewahr.

5. Solche Gedanken brüten im schwachen Herzen deines Gefährten? Hast du ihn ihretwegen getadelt?

6. Glaubst du dem hellsehenden Auge des Aufsehers zu entgehen, des überall gegenwärtigen?

7. Die Demüthigen allein werden des Himmelreichs theil=
haftig. Folgst du ihrem Beispiele?

8. Täuschen dich die falschen Versprechungen? Warum sollte
man dich so leicht hintergehen?

9. Welchen rüstigen Kämpfer erblickst du in der Ebene?

10. Worüber lachte der listige Hirt bei der Geschichte des
tückischen Wolfes? — Über die gleißende Rede.

11. Strebt Ihr nach dem Wahren, dann werdet Ihr auch
Gutes finden. Ist denn das Wahre mit dem Guten und Schö=
nen nicht gleich?

12. Hat man den schnöden Verläumder gestraft?

XX

DÉCLINAISON MIXTE DES ADJECTIFS.

Terminaisons er, e, es.

Constructions diverses.

1. Ein scharfer Pfeil braucht eben einen guten Schützen.

2. Meine schönen Tage sind vorbei; sie kommen nimmer
und nimmermehr wieder.

3. Hast du deine Schwester in ihrem Laufe gehemmt? Ihre
raschen Schritte schreckten uns alle.

4. Ein schönes Betragen ziemt sich für alle, besonders aber
für dich, mein Sohn.

5. Deines wahren Werthes eingedenk, rufe mich zu Hülfe
in deinen neuen Nöthen; ich werde dich schützen.

6. Meine Mutter dauert mich; ihre großen Qualen würden
mich stets rühren, wäre sie auch meine Mutter nicht.

7. Euer keckes Benehmen hat die Krieger entrüstet: nur
noch ein einziges Wort, und ihr seid des Todes!

8. Seyen wir unserer edlen Ahnen würdig; ein edleres Ge=
schlecht sey dem kräftigen Stamm eine hehre Krone.

9. Das Verdienst einer einzigen guten That kann viele Fehler in Vergessenheit bringen.

10. Im voraus versprechen oder drohen hat keine guten Folgen, wenn man schon als Herr zu gebieten hat.

11. Ich habe diesen Körper zergliedert und zu dieser Arbeit meine kostbarsten Stunden benutzt.

12. Wo hast du deine schöne Mappe und dein feines Papier gekauft? Zeige mir dieselben noch einmal.

XXI

FORMATION DES COMPARATIFS ET SUPERLATIFS.

Soit adjectifs, soit adverbes.

1. Stark waren deine Eltern; sei noch stärker.

2. Groß war Heinrich der Vierte von Frankreich, doch mächtiger Ludwig der Vierzehnte.

3. Zu sagen wer wirklich der größere war ist kein leichtes.

4. Hoch ist sein Sinn, doch höher seine Thaten.

5. Nah war der Freund, doch näher der Feind.

6. Der Mensch ist allzu oft der größte und nächste Feind seiner selbst.

7. Wer war ärmer als unser Herr Jesus; wer aber an Tugenden reicher?

8. Dein Vater war von Natur schwach; er wurde aber von Tag zu Tag gesunder.

9. Schlau fragte er mich; schlauer aber antwortete ich.

10. Nichts kann mir willkommener seyn als Ihr Besuch.

11. Dein Rath ist gut; der seinige aber ist besser.

12. Das beste wird seyn bald abzureisen, eh der Winter kommt.

XXII

DÉCLINAISON DES COMPARATIFS ET SUPERLATIFS.

Semblable à celle des positifs.

1. Schreckliche Winter, noch schrecklichere Stürme machen diese Gegend höchst traurig.

2. Die tüchtigsten Menschen erhalten nicht immer die schönsten Beweise der Achtung.

3. Unser Lehrer hegt die größte Liebe zu uns; wir wollen ihm fleißigere Schüler seyn.

4. Wir haben deinem Oheim schöne Nachrichten gemeldet; morgen aber wird er schöneres hören.

5. Wer hat feinere Wäsche als dein Bruder? Wer hätte je weicheres Tuch zu einem Rock gewählt?

6. Zierlich sind jene Schuhe, jene Strümpfe, jene Beinkleider. Schaute man jemals einen reicheren Anzug!

7. Die feuchtesten Wiesen sind nicht allzeit die besten für das Vieh.

8. Ein schlaueres Thier als der Fuchs ist nicht zu sehen.

9. Keinen falscheren Menschen grüßten wir heute als der ist, der da steht.

10. Die dünnsten Aeste tragen oft die saftigsten Früchte.

XXIII

VERBES. — CONJUGAISON FORTE.

VOYELLE RADICALE a.

Phrases subordonnées. — Nombres ordinaux.

	Inf.	Prét.	Part. p.	
1	a	u	a	9 verbes.
2	a	ie	a	9 verbes.

(Une exception : schallen.)

1. Gott schuf die Welt in sechs Tagen und ruhte am siebenten, nachdem er alles geschaffen hatte.

2. Am zwölften August fingen die Ferien an, welche bis zum achten Oktober dauerten.

3. Der drei und zwanzigste dieser Schüler hielt sich für glück= lich, weil er unverhofft ein Lob erhalten hatte.

4. Dieser Maurer fiel vom fünften Stockwerk des Hauses herab, was plötzlich seinen Tod veranlaßte.

5. Er hinterließ zwei Kinder nebst einer Wittwe, welche man am neunzehnten Tage nach seinem Tod zu Grabe trug.

6. Diese Hirten schliefen unter dem Baume, wo Tags zuvor der Wolf ihr hundertstes Lamm geraubt hatte.

7. Mein sechzehntes Rebhuhn briet langsam vor dem Feuer, welches hell loderte.

8. Wir hätten dich unbarmherzig geschlagen, ohne den Freund, der sich im ersten Augenblick für dich verwendete.

9. Alle, vom ersten bis zum tausendsten, trugen ein edles Verlangen, so oft es sich um unsere Sache handelte.

10. Der sechs und sechzigste dieser Soldaten hatte ein Loch gegraben, worin er seinen Waffenbruder begrub.

11. Mein Bruder ist der einzige, der diese Sache errathen hat.

12. Um die zwölfte Stunde hörten wir einen Knall der weit= hin erscholl.

XXIV

VOYELLE RADICALE e.

	Inf.	Prét.	Part.	
1	e	a	o	19 verbes.
2	e	a	e	10 verbes.
3	e	o	o	13 verbes.

(Deux exceptions : gehen, stehen.)

1. Der Hauptmann befahl diesem Soldaten in's Glied zu treten; dieser unterwarf sich dem gegebenen Befehl.

2. Unsere Brüder erschracken bei der Nachricht des Auf=

standes, welcher unverhofft ausbrach, von dem niemand bis jetzt gesprochen hatte. Heute hat man Parteigänger dazu geworben.

3. Die Vertheideger der Festung trafen mit dem Feinde auf den Wällen zusammen und starben den Heldentod.

4. Vergebens hatte man die Bürger Feiglinge gescholten. Sie hatten sich alle aus den Heimathsorten gestohlen; ihren Muth hatte der Stolz des Gegners gebrochen, welcher ihr armes Vaterland so streng mitgenommen hatte.

5. Wir halfen schon öfters diesem Manne, welcher in tiefem Elend stack; er war aber so verdorben, daß ihm Tugend und Laster gleich galt; er verbarg nie seine traurige Gesinnung.

6. Die Menschen aßen, die Thiere fraßen! das, was man sah, gab uns den Beweis, daß alles hier in Freude und Fülle stünde.

7. Mein Herz genas endlich von der schweren Krankheit.

8. Wir hatten das Buch gelesen, und dem Verfasser desselben maßen wir ein großes Verdienst bei. Doch es geschah ihm mehr als ihm gebührte.

9. Wer ist frech auf dein Kleid getreten? — Ich habe es vergessen und vergeben.

10. Ich habe Aepfel gegessen; der Bauer würde sagen, „geessen,‟ und würde Recht haben. Sagt man nicht „geerbt‟?

11. Trotz seiner Heldenthaten bewog Alexander die Griechen nie zur Bewunderung. Nachdem er in Asien glücklich gefochten hatte, traf ihn der Tod auf der Rückreise zu Babylon.

12. Seine vorher unbezwingliche Macht schmolz zusammen: die Heere die er hinterließ, wurden in allerlei Händel verflochten. Sein ungeheures Reich wurde aufgehoben; so hoch war der Haß unter den Feldherrn angeschwollen.

13. Der Hirt pflog Nachmittags der Ruhe; dann molk er seine Ziegen oder schor seine Schafe, während seine Frau zu Hause Kleider für ihn wob.

14. Der Freund, zu dem ich ging, stand gerade vor der Thüre.

15. Fest gestanden ist sehr oft nützlicher als viel gegangen.

16. Das schöne Zeitwort „stehen", ein europäischer Ausdruck, fehlt nur im Französischen.

XXV

VOYELLE RADICALE i.

	Inf.	Prét.	Part.	
1	i	a	u	18 verbes.
2	i	a	o	8 verbes.

(Trois exceptions : bitten, sitzen, schinden.)

1. Wer hat einen solchen Schurken zu diesem schnöden Dienst gedungen?

2. Wir banden ihn fest und drangen ihm das Geständniß seines Verbrechens ab.

3. Es gelang ihm nicht uns zu hintergehen; es war einer unter uns, der immer die Wahrheit mitten aus den Lügen herausfand.

4. Die Stimme der Sängerin klang so süß wie Orgelton.

5. Brüderlich umschlungen durchwandelten der Engel des Todes und der des Schlummers einst die Erde.

6. Mancher hat nach Ruhm und Ehre gerungen, dessen Name schon längst verklungen ist; die Spur seiner Thaten ist auch verschwunden.

7. Wer sich hoch geschwungen hat, ist öfters sehr tief gesunken.

8. Die Knaben kamen herangesprungen, um das Lied zu hören, welches der arme Blinde sang.

9. Was erzwungen ist, scheint selten gelungen.

10. Aus dem Pokal der Freude hat mancher neuen frischen Muth getrunken, sich durch das Leben zu schlagen.

11. Mit Lorbeeren umwunden schritt der Held einer glän=
zenden Zukunft entgegen.

12. Das Spiel war deinem Vetter zuerst günstig; aber wie
gewonnen, so zerronnen. Bald begann das Glück ihm ungünstig
zu werden.

13. Das Feuer glomm (ou glimmte) unter der Asche; wir
fachten es bald an, und hoch auf loderte die helle Flamme.

14. Den Gipfel des Berges hatten wir mühsam erklom=
men, als sich eine herrliche Aussicht vor unsern Augen entfal=
tete.

15. Die Ausflucht, die mancher zur Rettung ersonnen, hat
mehr als einmal Verderben gebracht.

16. Ehmals spannen die Töchter der Könige die Kleider ih=
rer Väter und ihrer Gatten.

17. Was die dunkle Nacht gesponnen, kommt oft an das
Licht der Sonnen.

18. Hast du unsern Freund zu Gast gebeten? Du weißt, er
saß das letzte Mal zwischen mir und dir.

19. Er hat so lange bei mir gesessen, daß ich ihn endlich bat
aufzustehen.

20. Sitze du hier, wo sich dein Bruder gesetzt hat.

XXVI

VOYELLE RADICALE ei.

	Inf.	Prét.	Part.	
1	ei	i	i	23 verbes.
2	ei	ie	ie	16 verbes.

(Une exception : heißen.)

1. Dieser Gelehrte hat sich von Jugend auf der Sprachen
beflissen.

2. Vierzig Tage, nachdem er von seinem Hund gebissen ward,
verblich der Unglückliche.

3. Der Streit wurde ausgeglichen und die beiden Gegner, nachdem sie manches ihres Starrsinnes wegen gelitten hatten, schritten versöhnt von dannen.

4. Ein Dragoner ist herangeritten; er griff nach dem Säbel; doch die Waffe ist längs des Sattels heruntergeglitten. Wüthend rieß er sie zu sich herauf: da pfiffen ihn die Straßenjungen aus; er schlich sich beschämt davon.

5. Das störrische Söhnchen ist mit Ruthen gestrichen worden, weil er seine Bücher und Hefte zum Fenster hinausgeschmissen hatte.

6. Sein Schmerz ob der harten, doch so wohl verdienten Strafe, schnitt mir in's Herz; ich und meine Mutter wichen nicht von ihm ab.

7. Ludwig kniff den Hund in die Ohren, und dieser riß wie toll davon.

8. Der König und die Kaiserin erweichten endlich ihren harten Sinn, nachdem das Glück von ihnen gewichen war.

9. Wir würden bei dem Arzt geblieben seyn, wenn der Kranke nicht so sehr geschrieen hätte.

10. Zu solcher Höhe gestiegen, wird der Staatsmann bald herunter müssen.

11. Was wir diesem Handelsmann geliehen, gedieh unter seinen Händen; sorgfältig mied er die gewagten Unternehmungen, und pries sich glücklich, wenn er zehn pro Cent verdient hatte.

12. Der alte Soldat rieb sich zufrieden die Hände, und strich seinen silbergrauen Schnurrbart, als er die Beförderung seines Obristen erfuhr. Dieser schied weinend von seinem Regiment.

13. Du schienst sehr froh an deine Eltern geschrieben zu haben; du hattest nur zu lange geschwiegen.

14. Zu weit getrieben, wird die Strenge zur Grausamkeit.

15. Der Vesuv spie an diesem Abend Rauch, Feuer und Asche um sich.

16. Wo mir der Platz angewiesen ist, will ich bleiben.

17. Was du schweigend geschrieben, mußt du mündlich be=haupten.

18. Du kennst meinen Namen; niemals habe ich anders ge=heißen.

XXVII

VOYELLE RADICALE ie.

Inf.	Prét.	Part.	
ie	o	o	22 verbes.

(Une exception : liegen.)

1. Beim Anblick des Jägers flohen die Thiere davon; die Vögel flogen hoch in die Luft hinauf: alles verkroch sich vor ihm.

2. Der Mensch hat die Metalle zu seinem Gebrauch gebogen.

3. In jener anmuthigen Gegend flossen unsere Tage heiter dahin; da fror es niemals, da boten uns die Bäume von selbst saftige Früchte dar; wir genossen Ruhe des Herzens und reine Freuden, die wir dem Schöpfer der Natur als Dankopfer brachten.

4. Die Worte des tröstenden Pfarrers gossen Labsal in mein Herz, welches bis jetzt alle Hoffnung verloren hatte.

5. Finster und verschlossen war der stolze Wallenstein : ihn verdroß die ihm seit dem Regensburger=Tag aufgedrungene Ruhe. Die Gesinnungen, welche ihm seine Feinde untergeschoben hatten, beschleunigten seinen Fall und die Schmach Östreichs.

6. In diesem Garten sprossen die schönsten Blumen auf; aus ihren kühlen Kelchen duftete uns Wohlgeruch entgegen.

7. Die Reiter sprengten verhängten Zügels dahin, so daß die

Roſſe ſchnoben und aus dem Pflaſter Funken ſtoben; von den Gebiſſen der Renner troff weißer Schaum herunter.

8. Die Völker zogen in dieſen fürchterlichen Krieg, aus Gründen welche die Anführer nicht recht erwogen; ſie waren aber in gegenſeitigem Haß von Kindheit auf gewiegt worden.

9. Heinrich war verlegen, als er mich ſah; denn die Schuld lag ſchwer auf ſeinem Herzen.

10. Du lagſt in vollem Schlaf als ich mich zu Bette legte.

11. Beut jedem Elenden mitleidig die Hand.

12. Zeuch hin, edler Pilger! Dich grüßen die Schaaren des Himmels.

XXVIII

VOYELLES RADICALES ADOUCIES.

Infinitif.	Prét.	Part.	
â, ô, û, au	o	o	14 verbes.

(Quelques exceptions.)

1. Wir ſahen in dieſem Dorfe viele Hunde, welche aus einer Pfütze ſoffen.

2. Junge Mütter traten aus den Häuſern und trugen in ihren Armen Kinder, die an ihren Brüſten ſogen, während die von der Arbeit zurückkehrenden Pferde aus ihren Naslöchern Dampf und Staub ſchnoben.

3. Der Zorn hatte lange in meinem Herzen gegohren; aber ich erwog die guten Eigenſchaften meines Gegners und ver= zieh ihm.

4. Sollte er der einzige ſeyn, deſſen Miſſethat ungerochen bliebe?

5. Das Wort geſchworen kann ſich gleichfalls auf Eide und auf Wunden beziehen.

6. Mit meinem Vater erloſch das Licht meines Lebens; man hatte mich mit falſchen Nachrichten von ſeiner Geſundheit belogen und betrogen.

7. Das deutsche Reich erkor Rudolf von Habsburg zum Kaiser.

8. Derjenige, welchen ich mir zum Busenfreund erkoren, der mir Treue schwur, hat mich verrathen.

XXIX

VERBES FORTS NON CLASSÉS.

Infinitif.   Prét.   Part.
(voyelles diverses.)   17 verbes.

(Exceptions déjà indiquées; plus les verbes kommen, laufen, stoßen, hauen, thun, etc.).

1. Wessen Stimme erscholl im Garten, als wir vorbei= gingen? — Wessen anders als Antons, der immer schreien muß.

2. Der Fischer saß ruhig am Ufer und angelte nach Fischen, während wir voll Erwartung und Neugierde um ihn her standen.

3. Wir baten ihn, er möchte uns die Angelruthe leihen; er gewährte uns die Bitte, und Heinrich schund sich am Finger mit der allzu spitzigen Angel. Doch ließ er sich nicht abschreken und ging nicht vom Fleck.

4. Plötzlich wurde die Lockspeise angebissen; doch fuhr die Ruthe auf, und unser Freund hieß uns alle herankommen, um den jungen Karpfen zu bewundern, der, eine Minute zuvor, ruhig auf dem Grunde des Flusses lag.

5. Der Fisch hatte sich so tief in das Eisen gebissen, daß an kein Herausziehen der Angel zu denken war; wir hieben also die Schnur hart am offenen Maule ab, und liefen mit unserer zap= pelnden Beute der Stadt zu.

6. Unterdeß kamen unsere Eltern uns entgegen: bei ihrem Anblicke stießen wir alle ein Triumphgeschrei aus; wir riefen

jedermann herbei, um unsern Fang zu sehen, und thaten, wie wenn wir einen unerhörten Sieg davon getragen hätten.

7. Der Wind hat die hölzernen Hütten umgestoßen, welche man zu der bevorstehenden Messe errichtet hatte. Eine neue Arbeit für uns! Was gethan war, ist wieder zu thun.

8. Göthe wurde im Jahr 1749 geboren, und Schiller 1759, erst zehn Jahre später. Diese Jahreszahlen sind in der Geschichte der deutschen Literatur höchst bedeutend.

XXX

VERBES DE LA CONJUGAISON MIXTE.

Terminaisons de la conjugaison faible; modifications diverses de la voyelle radicale.

15 verbes.

1. Wir mochten unsere Unschuld noch so sehr betheuern, man brannte vor Ungeduld uns zu verurtheilen; wir waren von selbst ins Verderben gerannt.

2. Wer nannte dir zuerst den Mann, den du bisher nicht kanntest? Wer sandte dir Briefe, an welche du nie vorher gedacht hattest? Wer wandte sich von dir, sobald Elend und Unglück dich heimsuchten?

3. Der Bote hat mir meine Habseligkeiten aus der Stadt zurückgebracht.

4. Die Personen, welche mir mein Kammerdiener vorgenannt hat, sind mir unbekannt; doch soll ich nächstens in ein enges Verhältniß mit ihnen treten : ich darf mir Gutes davon versprechen.

5. Ich will, ich kann hoffen, daß mein Sohn einst die Ehre unsers Hauses seyn wird. Was muß er nicht alles thun, um seine Verpflichtungen zu erfüllen!

6. Höre du, mein Kind : was du magst, das thue, wenn es

ur recht ist und den Gesetzen Gottes und der Menschen nicht
zuwiderläuft. Ich weiß, daß du nie dir selbst untreu werden
kannst.

7. Gestern ist in diesem Hause ein Geheimniß enthüllt wor=
den, um welches schon die ganze Welt wußte. Möchten wir nie
Ärgeres erfahren!

8. Hat man die Briefe eröffnet? — Es war unnütz; ich mochte
sie nicht lesen; ich hätte sonst vor Scham und Reue vergehen
müssen.

9. Man brachte vor den Feldherrn einen Bauern, von dem
er nichts erfahren konnte. Nach vielem unnützen Fragen mußte
er den Gefangenen frei lassen.

10. Sie dürfen es mir nicht sagen; ich weiß es schon lang.

11. Er dachte um halb eilf abzureisen; blieb aber bis drei
viertel auf eilf zu Hause.

12. Ein viertel nach zwölf kam sein Freund an; denn er
wußte nichts von dieser Reise: um eins fuhr er ihm nach.

XXXI

PRÉPOSITIONS.

PRÉPOSITIONS SUIVIES DU DATIF.

1. O Gott, bei Dir ist Ruhe und Leben; zu Dir steigt meine
Seele hinauf und preiset deine Güte.

2. Außer Dir ist alles eitler Tand und Noth; Du allein
lebst und webst, und deine hohen Werke sind herrlich wie am
ersten Tag.

3. Von Dir strahlt Leben und Licht; Dir entgegen jauchzt
die ganze Schöpfung in immer verjüngter Schönheit.

4. Nach deinem Himmel strebt all mein Sehnen: ich lebe
erst seit dem Tage, wo ich Dich kennen lernte.

5. Der Stadt gegenüber dehnte sich das ungeheure Lager der Kaiserlichen aus, welche, sammt den Baiern, die Schweden umzingelten.

6. Nach der Lehre der Druiden, gab es eine andere, dieser vollkommen ähnliche Welt.

7. Nächst dem Dorfe ist eine Anhöhe zu erblicken, welche, nebst dem Walde links, dasselbe vor Wind und Überströmung schützt.

8. „Aus den Augen, aus dem Sinn,‟ sagt das Sprichwort.

9. Meinem Verbot zuwider hast du Bücher gelesen, aus denen kein Vortheil zu ziehen ist.

10. Mit dem dumpfen Schrei des Schmerzes springt das Thier und flieht gepeinigt.

11. Starr aus ihrer Höhlung treten seine Augen; rieselnd fließen an dem Halse schwarze Bluts-Tropfen.

12. Die gewöhnlichsten Vorwörter mit dem Dativ sind : aus, bei, mit, nach, nebst, sammt, seit, von, zu; merke es dir und behalte es.

XXXII

PRÉPOSITIONS SUIVIES DE L'ACCUSATIF.

1. Ohne den Accusativ nach sich zu ziehen, werden die Vorwörter : durch, für, gegen, sonder, um, wider, und mein erstes Wort, nie gebraucht.

2. Durch diese hohle Gasse muß mein Feind kommen; ihn soll mein Pfeil todt zu Boden strecken.

3. Sonder Schlaf und sonder Speise saß der beleidigte Greis, bis der Sohn kam und seinen Kummer durch kühne Worte linderte.

4. Dieser trat muthvoll gegen den Schänder väterlicher Ehre, forderte ihn auf, und durchbohrte ihn mit seinem Degen.

5. Der vor Freuden bebende Greis schlang die Arme seinem

Söhne um den Hals, drückte ihn weinend an seine Brust, und sagte, daß er jetzt wider alle Unfälle gesichert wäre.

6. Für das Vaterland kämpfen und sterben ist das schönste Loos für wackere Männer. Solche Helden wurden durch die Gesänge des Dichters verewigt, und von der Geschichte der Menschheit zu Vorbildern gegeben.

7. Um das Schloß schlängelte sich ein Fluß, dessen Krümmungen ein allerliebstes Thal bewässerten.

8. Das Stöhnen der auf dem Schlachtfelde sterbenden Krieger erhob sich gen Himmel und erfüllte die Seele mit Grausen.

9. Ohne einen edlen Zweck, was hilft alles Wirken?

10. Mehr als Tapferkeit galt ihm die Unterwürfigkeit gegen seine Befehle.

XXXIII

PRÉPOSITIONS SUIVIES DU DATIF OU DE L'ACCUSATIF.

1. Die Vorwörter : an, auf, hinter, in, neben, über, unter, vor, zwischen, erfordern im Stehen den Dativ, im Gehen den Accusativ.

2. An meine Brust, an meine Brust! Du meine Wonne, du meine Lust!

3. Am Himmel scheint der Mond, funkeln die Sterne.

4. Der Soldat stürzte sich auf den Feind; oben auf dem Wall, den er erstiegen hatte, schwang er eine Fahne und rief die Gefährten herbei.

5. Du magst dich verstellen wie du willst, ich komme immer hinter deine Schliche.

6. Hinter den Windmühlen ragt eine Batterie von sieben großen Feuerschlünden hervor.

7. Willst du heute ins Theater mit? Die Vorstellung soll eine der schönsten seyn. Spute dich, denn im Drang der Geschäfte habe ich vergessen Plätze zu bestellen.

8. Wir wollen uns neben den Herrn Franz setzen; er wird uns sein Fernglas leihen. Neben ihm sitzt es sich übrigens sehr angenehm; er kennt beides, Schauspiel und Schauspieler, und gibt gern Aufschluß; du sollst sehen.

9. Über dem Schlachtfeld lag ein dichter Nebel verbreitet. Der Angriff wurde deßhalb verzögert; aber bald sprangen die Soldaten über alle Hindernisse hinweg.

10. Unter dem Feuer der Geschütze setzen sich die tapfern Schaaren in Bewegung, und kommen unter die schon in Unordnung gerathenden Feinde.

11. Vor der Fronte knieend hielt immer Gustav-Adolph seine Andacht, ehe er die Losung zur Schlacht gab.

12. Der Verbrecher ist vor seine Richter geladen worden; aber er hat sich gehütet zu erscheinen.

13. Bei einer so kitzlichen Sache schlug sich Ludwig vor den Kopf; er entrann doch der Gefahr, vor welcher er sich so sehr fürchtete.

14. Auf den Nacken der Giraffe springt der Löwe; in die Muskeln des Genickes schlägt er gierig seine Zähne.

15. Furcht und Hoffnung führen den Menschen; zwischen beiden schwebt er unaufhörlich, sobald er zwischen beide gerathen ist.

16. Auf dem ehrwürdigen Throne Konstantins saßen in den letzten Zeiten viele schändliche Gebieter. Doch der letzte sank in edlem Kampfe.

XXXIV

PRÉPOSITIONS NOMINALES AVEC LE GÉNITIF.

1. Kraft seines Machtworts hatte Wallenstein bald ein Heer hervorgezaubert.

2. Längs des Flusses hatte der Feldherr seine Truppen aufgestellt, unweit der Stadt, welche schon in hellen Flammen aufloderte.

3. Laut seiner Vollmacht, und mittelst eines geringen Aufwandes, hoffte dieser Geschäftsmann einen vortheilhaften Handel zu schließen.

4. Statt des Gewinns, auf den er beim Spiel zählte, hat dieser Windbeutel einen bedeutenden Verlust erlitten.

5. Trotz seines Versprechens ist unser Bruder noch nicht zurückgekommen; wir warten seit vierzehn Tagen auf ihn.

6. Während des Winters wünscht mancher den Sommer herbei, und umgekehrt. Wenige freuen sich der Gegenwart.

7. Seiner geistigen Vorzüge wegen wurde mancher seinen Nebenbuhlern ein Gegenstand des Hasses.

8. Mittelst einer unbedeutenden Summe hat man oft Riesenwerke ausgeführt, das Unerhörte verwirklicht.

9. Vermöge seines hohen Verstandes hat dieser Gelehrte Entdeckungen gemacht, die ihm zur Ehre gereichen.

10. Um deines Vaters willen thue dies, lieber Knabe.

XXXV

ADVERBES ET CONJONCTIONS.

ADVERBES DE LIEU, DE TEMPS ET DE MANIÈRE.

Constructions diverses.

1. Ueberall, wohin ich blicke, begegnet mir Gottes Allmacht und Güte.

2. Wann der Arme an deine Thür klopft, so sage ihm „herein," damit du einst mit ihm zusammen zur Thür des Himmels hineingehst.

3. Wo wohnt dein Freund? — Ich weiß es nicht. — Wie könnte ich es denn wissen?

4. Aufgeschoben ist nicht aufgehoben; doch selten war morgen besser als heute; was du erst gestern thatest, hätte eher vorgestern geschehen sollen.

5 Was man früh anfängt, ist bald geendigt; deßwegen sagt man : „Morgenstunde hat Gold im Munde.‟ Dem Faulen gedeihen die Früchte zu spät, ja oft niemals.

6. Auf dem Manöverfeld bewegten sich die Truppen bald vorwärts, bald rückwärts, bald seitwärts; rechts und links, weit und breit, waren lauter Soldaten mit mancherlei Waffen zu sehen.

7. Der Feldherr sprengte an den Reihen vorüber und musterte sie alle, Mann für Mann.

8. Nachdem er alles in Augenschein genommen, ritt er davon : ihm folgten die Adjutanten, und alles was sonst an Mannschaft, Pferden und Wagen da war : das war ein Hin= und Herwogen ohne Gleichen.

9. Bergauf, bergab, quer über Flüsse und Ebenen lief unser Zug, bis wir in das ersehnte Thal hinunter ritten, wo wir uns dann über die glücklich vollendete Reise recht freueten.

10. Bevor Ihr ans Werk gehet, betet morgens einen frommen Spruch, und auch abends, ehe Ihr der Ruhe pfleget, danket Dem der euch Leben und Kräfte gab.

XXXVI

PRINCIPALES CONJONCTIONS.

Inversion et attraction des verbes.

1. So tief empfand der junge Cheruskerfürst Herrmann die Demüthigung seines Vaterlands, daß er gleich zu den Waffen griff.

2. Es stand ein Mann am Ufer des See's, als der Sturm anfing.

3. Du bist ehrlich; ob ich gleich daran zweifelte, hätte es mir diese Probe bewiesen. Auch mich sollst du jetzt kennen lernen.

4. Wenn dein Vater kommt wird es uns freuen. Weißt du aber ob er kommen wird?

5. Er hat es mir melden lassen; mein Bruder hat ihn von Wien abreisen sehen.

6. Als ich dieses Schauspiel sah, erstaunte ich, denn nie hatte ich Verse so gut aussprechen hören.

7. Es reiften die Früchte sehr schnell im vorigen Herbste.

8. Um die Stadt lagerten sich die Feinde und bereiteten den Anfall. Aus den Dörfern flohen alle Einwohner und irrten in den Feldern umher.

9. Da du auf meine Worte nicht gehört hast, wirst du es mit nächstem bereuen.

10. Je mehr Güter dieser Mann erwarb, desto unwürdiger zeigte er sich derselben.

11. Ob er gleich die Wahrheit einsah, wollte er doch nicht sein Unrecht eingestehn.

12. Nah war mir der Freund; jetzt ist er weg, und mit ihm ist meine Ruhe fort.

II

MAXIMES ET RÉFLEXIONS

Gott ist allmächtig, allgütig, allweise.

———

Die Erfüllung unserer Pflichten ist des Lebens schönster Gewinn.

———

Redlich sei des Herzens[1] Grund:
Redlich spreche[2] auch der Mund.

———

Ein frohes Herz, gesundes Blut,
Ist besser[3] als viel Geld und Gut.

———

Befaß[4] dich nie mit solchen Dingen
Die keinem Menschen Nutzen bringen.

———

Zwischen heut' und morgen
Liegt[5] eine lange Frist;
Lerne schnell besorgen,
Weil[6] du noch munter bist.

---

1. Herzens, génitif de Herz, cœur. — 2. Impératif de sprechen, sprach, gesprochen, parler. Pour les verbes forts, voir nos *Racines allemandes*, VIII. — 3. Comparatif de gut. Ist besser als, vaut mieux que. — 4. Sich mit etwas befassen, s'occuper de quelque chose. — 5. Ind. prés. de liegen, lag, gelegen, gésir, y avoir. — 6. Pour dieweil, ou während, pendant que.

Baue dein Ansehn nicht auf deine Macht andere zu kränken.

———

Verursache keinem Menschen unnöthigen Schmerz; suche viel=
mehr alle glücklich zu machen.

———

Laß deine Ausgaben nie deine Einnahme übersteigen [1]!

———

Zum wenigen wieder weniges gelegt, macht allmählig eine
große Menge. Aus vielen Tropfen kann wohl endlich ein Strom
werden.

———

Rede wenig, aber wahr :
Vieles Reden [2] bringt Gefahr.

———

Wer nur den Sinnen [3] lebt, weiß [4] nichts von hohen Dingen;
Ein reiner, freier Geist nur kann zur Weisheit bringen [5].

———

Wer bloß seinem Kopfe und seinen Anschlägen folgt [6], dem
wird es zuletzt an guten Rathe fehlen [7] und er wird von andern
Vorwürfe dulden müssen.

———

Wende [8] deine Zeit dazu an, dir einen guten Namen zu er=
werben ; und wenn du dein Glück zu machen wünschest, so lerne
Genügsamkeit.

———

1. Uebersteigen, überstieg, überstiegen, surmonter, dépasser. — 2. Parler beaucoup. L'infinitif employé substantivement se met généralement au
singulier. — 3. Pour les sens. — 4. Ind. prés. 3e pers. de wissen, wußte,
gewußt, savoir. — 5. Dringen zu, pénétrer jusqu'à; drang, gedrungen.
— 6. Folgen, suivre, obéir, régit le datif. — 7. Celui-là ne saura finalement
que faire. — 8. Impératif de anwenden, wandte an, angewandt, employer.

So [1] süß ein Laster ist, so gibt's [2] doch keinen Frieden;
Der Tugend nur allein hat Gott dies Glück beschieden [3].

———

Für dich allein sollst du nicht leben;
Erbarm' dich willig fremder Noth;
Du gibst [3] dem Armen heut dein Brot;
Der Arme kann [4] dir's morgen geben.

———

Wer Weisheit gelernt hat, und seine Handlungen nicht darnach einrichtet [5], der gleicht [6] einem Menschen, welcher einen Acker wohl durchpflügt, aber nichts darauf säet.

———

Présence de Dieu.

Allenthalben, hier und da,
Ist der liebe Gott dir nah.
Er ist, wo die Sonne glüht;
Wo ein sanftes Blümchen blüht;
Wo der Vogel fröhlich schlägt [7],
Und der kleinste Wurm sich regt.
Freue dich, denn dort und hier
Ist der liebe Gott bei dir.

Halte [8] dich fern von denjenigen, die sich von bösen Gewohnheiten nicht frei machen können, und meide [9] den Umgang eines Menschen, der gegen Wohlwollen unempfindlich ist.

———

1. So süß, quelque doux que. — 2. Ind. prés. de geben, gab, gegeben, donner. — 3. Part. passé de bescheiden, beschied, accorder. — 4. Ind. prés 3e pers. de können, konnte, gekonnt, pouvoir. Voir *Racines allemandes*, VIII. — 5. Einrichten nach, conformer à. — 6) Gleichen, glich, geglichen, ressembler.

7. Ind. prés. de schlagen, schlug, geschlagen, frapper, chanter (en parlant des oiseaux). — 8. Impératif de halten, hielt, gehalten, tenir : sich fern halten von, ne pas fréquenter. — 9. Impératif de meiden, mied, gemieden, éviter.

L'Amitié.

Wie der Schatten früh am Morgen,
Ist die Freundschaft mit dem Bösen :
Stund' auf Stunde [1] nimmt [2] sie ab.
Aber Freundschaf mit dem Guten
Wächset [3] wie der Abendschatten,
Bis des Lebens Sonne sinkt [4].

———

Sie kennen die Anekdote von Kaiser Karl dem Fünften, der lateinisch mit Gott, spanisch mit seinen Rittern, französisch mit den Damen, und deutsch mit seinen Pferden sprechen wollte. Kaiser Karl war spanisch und niederländisch erzogen [5]; auch verstand [6] er wohl nicht viel mehr deutsch, als im Gespräche mit einem guten Pferde vonnöthen ist.

———

L'Avarice.

Der Geiz, so viel er an sich reißt [7].
Läßt [2] dich kein Gut genießen :
Er quält durch Habsucht deinen Geist
Und tödtet dein Gewissen;
Er führt [8] durch schmeichelnden Gewinn
Dich blind zu jedem Frevel hin.

———

1. D'heure en heure. — 2. Ind. prés. 3e p. de abnehmen, nahm ab, abgenommen, diminuer. — 3. Ind. prés. de wachsen, wuchs, gewachsen, croître. — 4. Ind. prés. de sinken, sank, gesunken, s'affaisser. — 5. Part. passé de erziehen, erzog, élever; war erzogen, avait reçu son éducation. — 6. Prét. de verstehen, verstanden, comprendre. Pour tous les préfixes en général, voir les *Racines allemandes*, VI. — 7. Ind. prés. de reißen, riß, gerissen, tirer, traîner; an sich reißen, accaparer. — 8. Ind. prés. de lassen, ließ, gelassen, laisser.

Alles Lob, das man den alten Sprachen als Bildungsmitteln ertheilt, fällt[1] doppelt der Muttersprache anheim, welche noch richtiger die Sprachmutter hieße[2], und jede neue wird nur durch Vergleichung mit der ersten verstanden. Eine fremde Sprache ist als wissentschaftliche Beleuchtung der eigenen besonders wünschenswerth.

L'Écriture.

Auch getrennte Freunde mit süßen Banden zu knüpfen,
Fand[3] die gute Natur uns eine Sprache, die Schrift:
Sie führt Seelen zusammen, die fern an einander gedenken[4],
Führt den Seufzer herbei, der in den Lüften verhallt.

Ich wünsche dir Kinder, die dich, wie du deine Aeltern, ehren.

Der Stärkere ist der natürliche Beschützer des Schwächern; das ist alles : seine Stärke gibt ihm kein Recht, sie legt ihm nur eine Pflicht mehr[5] auf.

Die Tugend wird verdächtig, sobald sie sich sebst erklärt; ihr Zauber verschwindet[6], sobald sie ihrer selbst sichtbar bewußt ist[7].

---

1. Ind. prés. de fallen, fiel. Anheimfallen, échoir en partage, revenir à. — 2. Prét. de subj. de heißen, hieß, geheißen, avoir nom, s'appeler.
3. Prét. de finden, gefunden, trouver. — 4. Gedenken, gedachte, gedacht, penser. — 5. Eine Pflicht mehr, un devoir de plus. — 6. Ind. prés. de verschwinden, verschwand, verschwunden, disparaître. — 7. Ich bin mir bewußt, j'ai conscience de.

Le Printemps.

Die Luft ist blau, das Thal ist grün,
Die kleinen Maienglocken [1] blühn,
Und Schlüsselblumen drunter;
   Der Wiesengrund
   Ist schon so bunt,
Und malt sich täglich bunter.

Drum komme [2], wem der Mai gefällt,
Und freue sich der schönen Welt
Und Gottes Vatergüte,
   Die diese Pracht
   Hervorgebracht [3],
Den Baum und seine Blüte.

———

Die meisten unvernünftigen Geschöpfe des Erdbodens gehen vierfüßig darauf herum, oder hängen doch ihr Angesicht zur Erde. Der Mensch geht auf zwei Füßen, und trägt [4] allein sein Haupt ganz aufwärts. Warum? Damit man auf seinem Angesichte den Ausdruck eines edeln vernünftigen Wesens lesen könne [5].

———

Le Hibou.

Die Eule scheut das Sonnenlicht
Und wohnt in finstern Höhlen.
Warum? Weil ihre Werke nicht
Den Menschen sich empfehlen.

1. Plus souvent, Maiglöckchen, muguet. — 2. Impératif de kommen, kam, gekommen, venir. — 3. Sous-entendu hat; hervorgebracht, part. passé de hervorbringen, brachte hervor, produire.
1. Ind. prés. 3e pers. de tragen, trug, getragen, porter. — 2. Subj. prés. de können, konnte, gekonnt, pouvoir.

Mich übereile keine That,
Die einst ich muß bereuen :
Denn wer ein gut Gewissen hat,
Braucht nie den Tag zu scheuen.

———

Die Menschen, sagt Oehlenschläger, tragen ihre Gewohnhei=
ten überall mit sich, wie die Schnecken ihre Häuschen. — Oft
haben wir, sagt Wieland, die Hochachtung der Welt unserm
Golde, oder unserm Stande, oder unsrer guten Miene, oder
unserm Talent, oder allem andern in der Welt als unserer Weis=
heit zu verdanken.

———

Avertissement.

Keinem Würmlein thut[1] ein Leid :
Auch in seinem schlechten Kleid
Hat's doch Gott im Himmel gern[2],
Sieht[3] so freundlich d'rauf von fern,
Führt es zu dem Grashalm hin,
Daß es ißt[4] nach seinem Sinn[5],
Zeigt den Tropfen Thau ihm an,
Daß es satt sich trinken[6] kann,
Gibt[7] ihm Lust und Freudigkeit,
Liebes Kind, thu' ihm kein Leid !

———

Das Leben gleicht einem Buche : Thoren durchblättern es
flüchtig ; der Weise liest[8] es mit Bedacht, weil er weiß, daß
er es nur einmal lesen kann. Der Tod ist ein stiller, dienst=

1. Impératif de thun, that, gethan, faire, ein Leid thun, faire du mal. —
2. Gern haben, aimer. — 3. Ind. prés. 3e pers. de sehen, sah, gesehen,
voir. — 4. Ind. prés. 3e pers. de essen, aß, gegessen (pour geessen), manger.
— 5. A sa guise. — 6. Trinken, trank, getrunken, boire. — 7. Ind.
prés. 3e pers. de geben, gab, gegeben, donner. — 8. Ind. prés. de lesen,
las, gelesen, lire.

barer Genius, der der erschöpften Seele den Arm bietet [1] über [2] den Graben der Zeit, das Feenschloß der ewigen Herrlichkeit ihm aufschließt [3], freundlich winkt und verschwindet

———

Ami et ennemi.

Ein Freund, der mir den Spiegel zeiget,
Den kleinsten Flecken nicht verschweiget ;
Mich freundlich warnt, mich herzlich schilt,
Wann ich nicht meine Pflicht erfüllt [4] :
   Der ist mein Freund,
   So wenig er's auch [5] scheint [6].

Doch wenn mich einer schmeichelnd preiset,
Mich immer lobt, mir nichts verweiset [7],
Zu Fehlern gar die Hände beut [8]
Und mir vergibt [9], eh' ich bereu't :
   Der ist mein Feind,
   So freundlich [10] er auch scheint.

———

Man kann die Erfahrung nicht früh genug machen, wie entbehrlich [11] man in der Welt ist. Welch wichtige Personen glauben wir zu seyn ! Wir denken allein den Kreis zu beleben, in welchem wir wirken; in unserer Abwesenheit muß, bilden wir uns ein, Leben, Nahrung und Athem stocken; und die Lücke, die entsteht [12], wird kaum bemerkt; sie füllt sich so ge-

1. Ind. prés. de bieten, bot geboten, offrir. — 2. Au delà, pour franchir. — 3. Ind. prés. de aufschließen, schloß auf, aufgeschlossen, ouvrir.
4. Ind. prés. de schelten, schalt, gescholten, gronder. — 5. Sous-entendu habe. — 6. So... auch, quelque... que. — 7. Ne me réprimande sur rien.— 8. Forme poétique pour bietet. — 9. Ind. prés. de vergeben, vergab, vergeben, pardonner. — 10. Wir sind entbehrlich, on peut se passer de nous. — 11. Ind. prés. de entstehen, entstand, entstanden, résulter, voir *Racines allemandes*, VI.

ſchwind wieder aus, ja ſie wird oft nur der Platz, wo nicht [1]
für etwas Beſſeres, doch für etwas Angenehmeres.

––––––

La flamme intérieure.

Das Feuer ſchürt der Wind, und löſcht das Feuer wieder,
So kämpfet Leidenſchaft die Leidenſchaft darnieder.
Wie ſtill die Lampe brennt [2] am windbeſchirmten [3] Ort,
So [4] ein beruhigt [5] Herz in Andacht fort und fort.

Bedenke [6], daß ein Geiſt in deinem Leibe wohnt,
Und vor Entweihung ſei der Tempel ſtets verſchont.

––––––

Ein Narr fragt viel, worauf kein Weiſer antwortet. Das
muß zweimal wahr ſeyn. Für's erſte kann gar wohl der ein=
fältigſte Menſch eine Frage thun, worauf der Weiſeſte keinen
Beſcheid [7] zu geben weiß; denn fragen iſt leichter als antworten
und rufen leichter als kommen. Für's andere [8] könnte manch=
mal der Weiſe wohl eine Antwort geben; aber er will nicht,
weil die Frage einfältig iſt, oder weil ſie zur Unzeit kommt.
Gar oft erkennt man ohne Mühe den einfältigen Menſchen am
Fragen und den Verſtändigen am Schweigen. Keine Antwort
iſt auch eine Antwort.

––––––

Le Matin.

Die Sterne ſind erblichen [9]
Mit ihrem goldnen Schein;

––––––

1. Wo nicht... (ſo) doch, si non... du moins. — 2. Brennen, brannte, ge-
brannt, brûler. — 3. Protégé contre le vent. — 4. Sous-entendu brennt,
brûle. — 5. Pour beruhigtes. — 6. Impératif de bedenken, bedachte, bedacht,
refléchir.
7. Beſcheid geben, donner une réponse, un renseignement. — 8. Ensuite.
9. Part. p. de erbleichen, erblich, pâlir.

Bald ist die Nacht entwichen [1],
Der Morgen dringt herein [2].

Noch waltet tiefes Schweigen
Im Thal und überall,
Auf frisch bethauten Zweigen,
Singt [3] schon die Nachtigall.

Sie singet Lob und Ehre
Dem hohen Herrn der Welt,
Der über Land und Meere
Die Hand des Segens hält [4].

Er hat die Nacht vertrieben [5],
Ihr Kindlein, fürchtet nichts!
Stets kommt zu seinen Lieben
Der Vater alles Lichts.

———

Wer sich [6] mit einem Menschen, der weiser ist als er selbst, in einen Streit einläßt, um andere seine Klugheit hören zu lassen, den halte man nur immmerhin für einen Thoren.

———

Wann jemand, der vornehmer [7] ist als du, etwas sagt, so mußt du, wenn du es auch besser weißt, nicht sogleich widersprechen. Und wann du einen Klügern, als du bist, reden hörst, so wende deinen Blick nicht von ihm : dann wirst du auch klug werden.

1. Part. p. de entweichen, entwich, échapper, s'enfuir. — 2. Dringt herein. Ind. prés. 3e pers. de hereinbringen, pénétrer dans, faire irruption. — 3. Singen, sang, gesungen, chanter. — 4. Ind. prés. de halten, hielt, gehalten, tenir. — 5 Part. 3e pers. de vertreiben, vertrieb, chasser.
6. Wer sich ...in einen Streit einläßt, celui qui entre en discussion.
7. Vornehmer sein als..., être supérieur à.

Le Ruisseau.

Du Bächlein silberhell und klar [1],
Du eilst vorüber immerdar,
Am Ufer steh [2] ich, sinn' und sinn' [3]:
Wo kommst du her? Wo gehst du hin?

„Ich komm' aus dunkler Felsen Schoos;
Mein Lauf geht über Blum' und Moos;
Auf meinem Spiegel schwebt so mild
Des blauen Himmels freundlich Bild.

Drum hab' ich frohen Kindersinn;
Es treibt mich fort [4], weiß nicht wohin.
Der mich gerufen [5] aus dem Stein,
Der, denk' ich, wird mein Führer sein.“

———

Wer lange und glücklich leben will, muß wacker arbeiten.
Arbeit belohnt mit Gesundheit, würzet die Mahlzeit, befördert
den Schlaf, schützt vor Langeweile, bewahrt vor Thorheit und
gibt frohen Muth [6]. Für den Müßiggänger sind die Tage im=
mer zu lang, für den Fleißigen zu kurz. Arbeit erhöhet und
vermehrt die irdischen Freuden; sie macht auch stark, so stark,
daß man viel tragen kann, und mäßige Uebel nicht achtet. Ar=
beit gibt Brod und Ehre, erwirbt uns Achtung, Liebe und Zu=
trauen bei den Menschen, und, was über alles geht [7], wenn
wir redlich gesinnt sind, den Beifall Gottes.

1. Construction poét. pour du silberhelles und klares Bächlein. — 2. Ind.
prés. 1re pers. de stehen, stand, gestanden, se tenir. — 3. Ind. prés.
1re pers. de sinnen, sann, gesonnen, réfléchir. — 4. Quelque chose m'entraîne, je me sens entraîné (ich) weiß nicht wohin, je ne sais où. — 5. Sous-
entendu hat.
6. Muth : la disposition de l'âme, der frohe Muth, la bonne humeur, la
gaîté. — 7. Ce qui va par-dessus tout, ce qui est au-dessus de tout.

Nichts vergeht geschwinder als die Zeit; und dennoch ist für den Menschen nichts wichtiger als sie. Jeder Augenblick, der nicht wohl angewandt wird, kann für verloren geachtet werden. Nur von der guten Anwendung unserer Lebenszeit, nicht aber von der Menge unserer Tage und Jahre, hängt unser Glück ab [1]. Nur thätig, nützlich sein, Gutes denken und Gutes thun, heißt wahrhaft leben. — Darum suche immer verständiger, weiser und besser zu werden, recht viel Gutes zu schaffen [2] und auf alle dir mögliche Weise zu nützen. Mit jedem Augenblicke kommen wir dem Grabe näher; und nur dann läßt sich's gut sterben [3], wenn man gut gelebt hat.

———

Bonheur de la jeunesse.

Jeder meiner Lebenstage
Flieht so angenehm dahin [4];
Frei bin ich von Sorg' und Klage,
Reich an immer heiter'm Sinn.

Ich genieße [5] noch die Freude,
Die der Lenz des Lebens hat;
Froh, wie Lämmchen auf der Weide,
Geh' ich hüpfend meinen Pfad.

Immer werd' ich so nicht hüpfen:
In mein freudesuchend Herz [6]
Wird die Sorge künftig schlüpfen
Und so mancher Gram und Schmerz.

1. Unser Glück hängt ab von, notre bonheur dépend de. — 2. Gutes schaffen, faire du bien. — 3. Es läßt sich gut sterben, on peut bien mourir. 4. Flieht... dahin. Ind. pré. de dahinfließen, floß dahin, dahingeflohen. — 5. Genießen, genoß, genossen, jouir, goûter. — 6. Poétique

Darum freu' ich mich der Jugend
Voller Unschuld, eh' [1] sie flieht,
Bis mein Herz in Pflicht und Tugend
Quellen neuer Freuden sieht [2].

pour freudesuchendes Herz, cœur avide de plaisirs. — 1. Pour ehe, avant que; ce mot ne régit pas toujours le subjonctif. — 2. Ind. prés. 3e pers., de sehen, sah, gesehen, voir.

III

FABLES ET ALLÉGORIES

Le Rossignol et l'Épervier.

Ein Habicht schoß [1] auf eine singende Nachtigall. „Da du
so lieblich singst," sprach er, „ wie vortrefflich wirst du
schmecken [2]. "

Lessing.

L'aigle et ses petits.

Man fragte den Adler : „Warum erziehst du deine Jungen
so hoch in der Luft?' Der Adler antwortete : „Würden sie
sich, erwachsen [3], so zur Sonne wagen, wenn ich sie tief an der
Erde erzöge [4]?"

Lessing.

Le Cheval et le Taureau.

Auf einem feurigen Rosse flog [5] stolz ein dreister Knabe daher.

---

1. Prét. de schießen, schoß, geschossen, tirer (une arme à feu), fondre sur.
— 2. Schmecken, avoir goût (bon ou mauvais), se dit des mets et se traduit
généralement par être ou trouver.
3. Grandis, une fois grands. — 4. Prét. du subj. de erziehen, erzog,
erzogen, élever (des enfants).
5. Prét. de fliegen, flog, geflogen, voler, passer rapidement

4

Da rief [1] ein wilder Stier dem Rosse zu : „Schande! von ei=
nem Knaben ließ [2] ich mich nicht regieren!

„Aber ich,“ versetzte das Roß. „ Denn was für Ehre
könnte es mir bringen, einen Knaben abzuwerfen!“

Lessing.

Le Buisson d'épines.

„Aber sage mir doch,“ fragte [3] die Weide den Dornstrauch,
„warum du nach den Kleidern des vorbeigehenden Menschen so
begierig bist ? Was willst du damit [4]? Was können sie dir
helfen?“

—„Nichts,“ sagte der Dornstrauch. „Ich will sie ihm auch
nicht nehmen; ich will sie ihm nur zerreißen .“

Lessing.

Le Taureau et le Cerf.

Ein schwerfälliger Stier und ein flüchtiger Hirsch weideten
auf einer Wiese zusammen.

„Hirsch,“ sagte der Stier, „wenn uns der Löwe anfallen
sollte, so laß uns für einen Mann stehen [5]; wir wollen ihn
tapfer abweisen.“ — „Das muthe mir nicht zu [6], “erwiederte,
der Hirsch, „ denn warum sollte ich mich mit dem Löwen in
ein ungleiches Gefecht einlassen [7], da ich ihm sicherer entlaufen
kann ?“

Lessing.

---

1. Rief... zu, prét. de zurufen, rief... zu, zugerufen, crier. — 2. Pour
ließe, prét. du subj. de lassen, ließ, gelassen, laisser.
3. Fragen régit l'accusatif de la personne et celui de la chose. — 4. Sous-
entendu machen, qu'en veux-tu faire.
5. Tenons-nous comme un seul homme. — 6. Einem etwas zumuthen,
exiger quelque chose de quelqu'un. — 7. Sich einlassen in, consentir à,
s'engager dans.

Le Renard et le Masque.

Vor alten Zeiten fand[1] ein Fuchs die hohle, einen weiten Mund anreißende Larve eines Schauspielers. „Welch ein Kopf,‟ sagte der betrachtende Fuchs! „Ohne Gehirn, und mit einem offenen Munde! Sollte das nicht der Kopf eines Schwäßers gewesen sein[2]?‟

Dieser Fuchs kannte euch, ihr ewigen Redner, ihr Strafgerichte des unschuldigsten unserer Sinne!

Lessing.

———

La Poule et le Diamant.

Ein verhungert[3] Hühnchen fand
Einen feinen Diamant
Und verscharrt' ihn in den Sand.
„Möchte[4] doch, mich zu erfreun,‟
Sprach es, „dieser schöne Stein
Nur ein Weizenkörnchen sein!‟

Hagedorn.

———

Le Vautour et le Paysan.

Ein Geier verfolgte eine Taube und gerieth[5] bei der Hitze des Verfolgens in die Schlingen, welche ein Landmann ausgestellt hatte. „O schone meiner!‟ rief[6] er, indem dieser ihn tödten wollte: „ich habe dich ja[7] nicht beleidigt.‟

1. Prét. de finden, fand, gefunden, trouver. — 2. Sollte das nicht gewesen sein, cela n'aurait-il pas été? Sollen est souvent employé comme auxiliaire du futur et du conditionnel.

3. Pour verhungertes, affamé, mourant de faim. — 4. Prét. du subj. de mögen, mochte, gemocht, pouvoir.

5. Prét. de gerathen, gerieth, gerathen, tomber; entrer (souvent par hasard ou par surprise) dans un état physique ou moral; in Zorn gerathen, entrer en colère. — 6. Prét. de rufen, rief, gerufen, s'écrier. — 7. Ja au milieu d'une proposition peut souvent se rendre par : «Vous savez bien que.»

„Auch die Taube hatte d i ch nie beleidigt,‘‘ sprach[1] der Land=
mann, „und du wolltest sie erwürgen!‘‘

Meißner.

La part du Lion.

Eine Kuh, eine Ziege und ein geduldiges Schaf gingen[2] in
Gesellschaft mit dem Löwen auf die Jagd. Sie hatten endlich
einen sehr großen Hirsch gefangen[3]. Da theilte ihn der Löwe
und sprach: „Den ersten Theil nehme ich, weil ich der Löwe
bin; den zweiten müßt ihr mir wegen meiner Tapferkeit zuer=
kennen; der dritte muß mir zufallen, weil ich stärker bin als
ihr; und wehe dem, der sich an dem vierten vergreifen[4] wird!‘‘
So nahm[5] der ungerechte Löwe die ganze Beute für sich weg.

Meißner.

Le Cerf et la Mouche.

Jüngst setzte eine Mücke
   Dem Hirsch sich auf’s Geweih.
„Wenn ich zu sehr dich drücke,‘‘
   Sprach[6] sie, „so rede frei.‘‘
„Ei,‘‘ rief der Hirsch, „mein Liebchen,
   Bist du auch in der Welt?‘‘
So ist’s mit manchem Bübchen,
   Das sich für wichtig hält[7].

Willamov.

1. Prét. de sprechen, sprach, gesprochen, parler, dire.
2. Prét. de gehen, ging, gegangen, aller. — 3. Part. passé de fangen,
fing, gefangen, prendre (à la chasse, à la pêche, etc.). — 4. Sich vergrei=
fen an toucher (au bien d’autrui). Pour les préfixes en général (voir *Racines
allemandes*. — 5. Nahm.... weg, prét. de wegnehmen, weggenommen, en-
lever.
6. Prét. de rufen, gerufen, s’écrier. — 7. Ind. prés. 3 pers. de halten,
gehalten, tenir; sich für wichtig halten, se croire important.

La Souris.

Eine philosophische Maus pries[1] die gütige Natur, daß sie die Mäuse zu einem so vorzüglichen Gegenstande ihrer Erhaltung gemacht habe. Denn eine Hälfte von uns, sprach sie, erhielt[2] von ihr Flügel, daß wenn wir hier unten auch alle von den Katzen ausgerottet würden, sie doch mit leichter Mühe aus den Fledermäusen unser ausgerottetes Geschlecht wieder herstellen[3] könnte.

Die gute Maus wußte nicht, daß es auch geflügelte Katzen gibt[4]. Und so beruhet unser Stolz meistens auf uns'rer Unwissenheit!

Lessing.

———

Le Paon et le Coq.

Einst sprach der Pfau zur Henne: „Sieh[5] einmal, wie hochmüthig und trotzig dein Hahn einhertritt[6]! Und doch sagen die Menschen nicht: der stolze Hahn, sondern nur immer: der stolze Pfau." — „Das macht," sagte die Henne, „weil der Mensch einen gegründeten Stolz übersieht[7]. Der Hahn ist auf seine Wachsamkeit und auf seinen Muth stolz[8], aber worauf du? Auf Farben und Federn."

Lessing.

———

L'Ane et le Lion.

Dem Esel schien's[9] kein kleines Ding,
Daß er mit einem Löwen ging[10].

1. Prét. de preisen, gepriesen, louer, bénir. — 2. Prét. de erhalten, erhielt, erhalten, recevoir. — 3. Wieder herstellen, refaire. — 4. Es gibt, il existe, il y a, de geben, gab, gegeben, donner.

5. Impératif de sehen, sah, gesehen, voir. — 6. Ind. prés. 3e pers., s. de einhertreten, trat einher, einhergetreten, s'avancer. — 7. Ind. prés. 3e pers., de übersehen, übersah, übersehen, passer quelque chose à quelqu'un, pardonner. — 8. Stolz auf, fier de.

9. Prét. de scheinen, geschienen, paraître. — 10. Prét. de gehen, gegangen, aller.

Ein andrer Esel kam[1] ihm grad' entgegen
Und grüßt' ihn, so wie Brüder pflegen.
„Verwegner!" fuhr[2] ihn jener an." —
„Warum denn das? Bist du ein andrer Mann?
Du schreitest mit dem Löwen stolz einher;
Denkst du darum, du sei'st kein Esel mehr?"

Nicolay.

___

Le Pommier sauvage.

In dem hohlen Stamm eines wilden Apfelbaumes befand[3] sich ein Schwarm Bienen. Sie füllten ihn mit ihrem reichen Honig, und der Baum ward so stolz darauf, daß er alle andern Bäume gegen sich[4] verachtete. Da rief ihm ein Rosenstock zu: „Elender Stolz auf geliehene Süßigkeiten[5]! Ist deine Frucht darum weniger herbe? In diese treibe den Honig hinein[6], wenn du es vermagst; dann erst wird der Mensch dich segnen."

Lessing.

___

L'Agneau protégé.

Hylax, aus dem Geschlechte der Wolfshunde, bewachte ein frommes Lamm. Ihn erblickte Lykodes, der gleichfalls an Haar, Schnautze und Ohren einem Wolfe ähnlicher war, als einem Hunde, und fuhr auf ihn los[7]. Wolf, schrie[8] er, was machst du mit diesem Lamme?

Wolf selbst[9]! versetzte Hylax. (Die Hunde verkannten[10] sich

___

1. Prét. de kommen, gekommen, venir; entgegen kommen, venir à la rencontre, rencontrer. — 2. Fuhr... an, prét. de anfahren, apostropher, dire d'un ton grossier.

3. Prét. de sich befinden, befunden, se trouver. — 4. Gegen sich, auprès de lui, en (les) comparant à lui. — 5 « Misérable orgueil à propos de douceurs d'emprunt. » — 6 Treibe hinein..., impér. de hineintreiben, trieb hinein, hineingetrieben, faire entrer (de force).

7. Fuhr... los, prét. de losfahren, losgefahren, partir, éclater; fuhr auf, ihn los, fondit sur lui, courut sur, à lui. — 8. Prét. de schreien, geschrieen, crier, s'écrier. — 9. Loup toi-même. — 10. Prét. de verkennen, verkannt,

beide.) Geh! oder du sollst es erfahren, daß ich sein Beschützer
bin!

Doch Lykodes will das Lamm dem Hylax mit Gewalt neh=
men; Hylax will es mit Gewalt behaupten : und das arme
Lamm — treffliche Beschützer! — wird darüber [1] zerrissen [2].

Lessing.

L'Araignée et l'Abeille.

Ein Spinnchen kroch [3], der Neugier wegen,
In einen Bienenkorb, und als es da
Der Zellen aufgehäuften Segen, [4]
Der Bienen Fleiß und Eintracht sah ;
Trat es zu einem Bienchen : „Sage,
Woher kommt eure Harmonie?
Wir Spinnen weben zwar; doch nie,
Daß es für Andre [5] Früchte trage.
Ein jedes baut sein eig'nes Haus ;
Wir rotten selbst uns wüthend aus [6],
Und inn'rer Krieg ist unsre Plage."
„Wir," sprach die Honigsammlerin [7],
„Wir haben eine Königin."

Müchler.

Le Renard et la Cigogne.

Erzähle mir doch etwas von den fremden Ländern, die du alle
gesehen hast, sagte der Fuchs zu dem weitgereis'ten [8] Storche.

---

méconnaître. — 1. A cette occasion. — 2. Part. passé de zerreißen, zerriß
déchirer.

3. Prét. de kriechen, gekrochen, ramper, pénétrer en rampant. — 4. Der
aufgehäufte Segen, la bénédiction entassée, l'abondante richesse. — 5. Pour
d'autres, pour autrui. — 6. Wir rotten uns aus, nous nous exterminons. —
7. La collectionneuse de miel, l'abeille.

8. Weitgereis'ten, qui avait fait de grands voyages.

Hierauf fing der Storch an [1], ihm jede Lache und jede feuchte Wiese zu nennen, wo er die schmackhaftesten Würmer und die fettesten Frösche geschmauset [2].

„Sie sind lange in Paris gewesen, mein Herr. Wo speiset man da am besten? was für Weine haben Sie da am meisten, nach Ihrem Geschmacke gefunden?"

Lessing.

La Brebis et l'Hirondelle,

Eine Schwalbe flog [3] auf ein Schaf, ihm ein wenig Wolle, für ihr Nest, auszurupfen. Das Schaf sprang [4] unwillig auf und nieder. „Wie, bist du denn nur gegen mich so karg? sagte die Schwalbe. Dem Hirten erlaubst du, daß er dich deiner Wolle über und über [5] entblößen darf; und mir verweigerst du eine kleine Flocke. Woher kömmt das?"

„Das kommt daher, antwortete das Schaf, weil du mir meine Wolle nicht mit eben so guter Art zu nehmen weißt [6], als der Hirt."

Lessing.

Le Corbeau avare.

Ein Rab' entwandte [7] hie und da,
So viel [8] er konnte : Gold und Ringe,
Band, Ohrgehäng und hundert andre Dinge.
Als dies der klüg're Haushahn sah,
So fragt' er ihn : „Ich bitte, sage mir,
Wozu nützt [9] denn dies alles dir?"

1. Prét. de anfangen, angefangen, commencer. — 2. Sous-entendu hatte; schmausen, se régaler de.

3. Prét. de fliegen, geflogen, voler; flog auf, se posa sur. — 4. Prét. de springen, gesprungen, courir, sauter. — 5. Ueber und über, d'un bout à l'autre, complétement. — 6. Ind. prés. 2e pers., s. de wissen, wußte, gewußt, savoir.

7. Prét. de entwenden, entwandt, dérober. — 8. So viel, tant, autant que. — 9. Wozu... nützt dir, à quoi te sert...

„Das weiß ich selbst nicht," sprach der Rabe;
„Ich nehm'es nur, damit ich's habe."

Ein Geizhals und dies Thier thun einerlei.
Der Geizhals sammelt, gleich dem Raben:
Nicht daß es ihm und andern nützlich sei;
Nein, bloß um viel zu haben.

Hagedorn.

———

Les deux Poulains.

Zwei Füllen, die sich an Wuchs und Bildung, wie ein Ei dem andern glichen [1], fielen [2] in ungleiche Hände. Das eine kaufte ein Bauer und gewöhnte es, ohne Rücksicht auf die Veredlung seiner Natur, zum niedern Dienste am Pflug und an dem Karren. Das andere fiel in die Hände eines Bereiters, und dieser baute die Kunst des Dienstes auf die Veredlung der Natur, d. h. auf die Erhaltung und Ausbildung der Feinheit, der Kraft und des Muthes seines Füllens. Letzteres ward ein edles Geschöpf, indeß das erstere alle Spuren seiner edlen Natur an sich selbst verlor [3].

Pestalozzi.

———

La tonte des Moutons.

Eine Mutter nahm ihr Töchterlein Ida mit hinaus [4], die Schafschur anzusehen. Da jammerte das Mägdlein sehr und sprach: „Ach, wie grausam die Menschen sind, die armen Thiere so zu quälen!" — „Nicht doch," erwiderte die Mutter. "So hat es ja [5] der liebe Gott verordnet, daß die Menschen

———

1. Prét. de gleichen, geglichen, ressembler. — 2. Prét. de fallen, gefallen, tomber. — 3. Prét. de verlieren, verloren, perdre.
4. Nahm mit hinaus, prit avec (elle) dehors, emmena; nahm, prét. de nehmen, genommen, prendre. — 5. C'est ainsi, vous le savez.

sich damit bekleiden mögen : denn sie werden ja nackend gebo=
ren[1]." — „Aber," sagte Ida, „nun müssen die armen Schäf=
chen doch frieren." — „O nein," versetzte die Mutter. „Er
gibt dem Menschen das erwärmende Kleid und sendet dem ge=
schorenen Lamm die milden Sommerlüftchen."

Krummacher.

La Mouche orgueilleuse.

Vier Pferde zogen[2] einen Wagen
Und ließen[3] in dem schnellen Jagen
Gar einen großen Staub zurück.
Es schwang[4] sich in dem Augenblick
Auch eine Fliege mit hinauf
Und rief[5] dann bei des Wagens Lauf:
„Ihr guten Leute, gebt doch acht!
Den großen Staub hab' ich gemacht!"
Mach' dich mit leerem Stolz nicht breit[6].
Man lacht nur deiner Eitelkeit.

Zachariä.

L'offrande de la Brebis.

Als Jupiter das Fest seiner Vermählung feierte, und alle
Thiere ihm Geschenke brachten[7], vermißte[8] Juno das Schaf.
„Wo bleibt das Schaf?" fragte die Göttin. „Warum ver=
säumt das fromme Schaf, uns sein wohlmeinendes[9] Geschenk
zu bringen?"

1. Part. passé de gebären, gebar, donner le jour à, geboren werden, naî_
tre, venir au monde.
2. Prét. de ziehen, gezogen, tirer, traîner. — 3. Prét. de lassen, gelassen,
laisser. — 4. Prét. de schwingen, geschwungen, lancer, élancer. — 5. Prét.
de rufen, gerufen, crier. — 6. Mach' dich nicht breit mit, ne te vante pas
de.
7. Prét. de bringen, gebracht, apporter. — 8. Vermissen, remarquer l'ab-
sence de.... — 9. Wohlmeinend, loyal; on mettrait mieux ici : wohlgemeint.

Und der Hund nahm das Wort und sprach : "Zürne nicht, Göttin! ich habe das Schaf noch heute gesehen; es war sehr betrübt, und jammerte laut."

"Und warum jammerte das Schaf?" fragte die schon gerührte Göttin.

"Ich ärmste!" so sprach es, "ich habe jetzt weder Wolle, noch Milch, was werde ich dem Jupiter schenken? Soll ich, ich allein, leer [1] vor ihm erscheinen? Lieber will ich hingehen, und den Hirten bitten, daß er mich ihm opfere!"

Indem drang [2], mit des Hirten Gebete, der Rauch des geopferten Schafes, dem Jupiter ein süßer Geruch, durch die Wolken. Und jetzt hätte Juno die erste Thräne geweint, wenn Thränen ein unsterbliches Auge benetzten.

Lessing.

Le Lion et le Lièvre.

Ein Löwe würdigte [3] einen drolligten Hasen seiner nähern Bekanntschaft. "Aber ist es denn wahr," fragte ihn einst der Hase, "daß euch [4] Löwen ein elender krähender [5] Hahn so leicht verjagen kann?"

"Allerdings ist es wahr," antwortete der Löwe : "und es ist eine allgemeine Bemerkung, daß wir großen Thiere durchgängig eine gewisse kleine Schwachheit an uns haben. So wirst du, zum Beispiel, von dem Elephanten gehört [6] haben, daß ihm das Grunzen eines Schweines Schauder und Entsetzen erweckt [7]."

"Wahrhaftig?" unterbrach [8] ihn der Hase. "Ja, nun be=

---

1. Vide (les mains vides) sans présent. — 2. Prét. de bringen, gedrungen, pénétrer.

3. Würdigen, avec le génitif, honorer de. — 4. Vous autres. — 5) Krähen, chanter (en parlant du coq). — 6 Entendu dire. — 7. Ihm... erweckt, éveille en lui. — 8. Prét. de unterbrechen, unterbrochen, interrompre. —

greif' ich auch, warum wir Hasen uns so entsetzlich vor den
Hunden fürchten[1]."

Lessing.

Le Lion et le Renard.

„Herr Löwe," sprach[2] der Fuchs, „ich muß
Dir's nur gestehen; mein Verdruß
Hat sonst kein Ende.
Der Esel spricht von dir nicht gut.
Er sagt, was ich an dir zu loben fände[3],
Das wiss' er nicht : dein Heldenmuth
Sey zweifelhaft; du gäbst[4] ihm keine Proben
Von Großmuth und Gerechtigkeit ;
Du würgetest die Unschuld, suchtest Streit;
Er könne dich nicht loben."
Ein Weilchen schwieg[5] der Löwe still;
Dann sprach er : „Fuchs, er spreche was er will :
Denn was von mir ein Esel spricht,
Das acht' ich nicht."

Gleim.

Le Loup guerrier.

„Mein Vater, glorreichen Andenkens," sagte ein junger
Wolf zu einem Fuchse, „das war ein rechter Held! Wie fürchterlich hat er sich nicht in der ganzen Gegend gemacht! Er hat
über mehr als zweihundert Feinde nach und nach gesiegt, und
ihre schwarzen Seelen in das Reich des Verderbens gesandt[6].
Was Wunder also, daß er endlich auch einem unterliegen
mußte."

1. Wir fürchten uns vor, nous avons peur de.
2. Prét. de sprechen, gesprochen, parler, dire. —3. Prét. du subj. de finden,
fand, gefunden, trouver. — 4. Prét. du subj. de geben, gab, gegeben, donner. — 5. Prét. de schweigen, geschwiegen, se taire.
6. Part. passé de senden, sandte, envoyer.

„So würde sich ein Leichenredner ausdrücken," sagte der Fuchs; "der trockene Geschichtschreiber aber würde hinzu-setzen: die zweihundert Feinde über die er nach und nach trium-phirte, waren Schafe und Esel; und der eine Feind, dem er unterlag[1], war der erste Stier, den er sich anzufallen er-kühnte."

Lessing

Le Voyageur, le Tigre et le Crocodile.

Auf einem schmalen Wege[2], wo zur rechten Hand ein hohes Gebirge emporstieg[3], und zur Linken der Ganges floß[4], gieng[5] ein Wanderer. Plötzlich sah[6] er vom Berge herab einen grimmigen Tiger auf sich zueilen. Um ihm zu entgehen, wollte er geradezu in den Strom sich stürzen und durch Schwimmen sich retten, so gut er könnte, als aus diesem ein Krokodil empor-fuhr[7]. — O ich Elender! rief der arme Wanderer: wohin ich blicke, ist der gewisse Tod. — Voll unaussprechlicher Angst sank[8] er bei diesen Worten zu Boden. Der Tiger, schon hart an ihm, that einen jähen Sprung, und fiel dem Krokodil in den Rachen.

Auch in der höchsten Gefahr verzweifle nicht! Oft dient zu deiner Erhaltung, was im ersten Augenblicke deines Untergangs Vollendung schien[9].

Meißner.

---

1. Prét. de unterliegen, unterlegen, succomber.
2. Auf einem.... Wege, dans un chemin.... — 3. Prét. de emporsteigen, emporgestiegen, s'élever. — 4. Prét. de fließen, geflossen, couler. — 5. Prét. de gehen, gegangen, aller. — 6. Prét. de sehen, gesehen, voir, — sah auf sich zueilen, vit se précipiter sur lui. — 7. Prét. de emporfahren, emporgefahren, sortir précipitamment, surgir. — 8. Prét. de sinken, gesunken, s'affaisser. — 9. Prét. de scheinen, geschienen, paraître.

Le Cheval et la Guêpe.

Eine kleine Wespe stach [1]
Einen Hengst, er schlug [2] nach ihr.
Und die kleine Wespe sprach :
„Hengstchen, schlag doch nicht nach mir!
Sieh [3], ich sitz' an sicherm Orte ;
Glaube mir, du triffst [4] mich nicht.“
Endlich gibt er gute Worte,
Und die kleine Wespe spricht :
„Sanftmuth findet doch Gehör ;
Sieh, nun stech' ich dich nicht mehr.“

Gleim.

L'Arc ciselé.

Ein Mann hatte einen trefflichen Bogen von Ebenholz, mit dem er sehr weit und sicher schoß [5], und den er ungemein werth hielt. Einst aber, als er ihn aufmerksam betrachtete, sprach er : „Ein wenig zu plump bist du doch ; alle deine Zierde ist [6] die Glätte. Schade! — Doch dem ist abzuhelfen [7]“; fiel ihm ein [8], „ich will hingehen und von dem besten Künstler Bilder in den Bogen schnitzen lassen.“

Er ging [9] hin, und der Künstler schnitzte eine ganze Jagd auf den Bogen ; und was hätte sich besser auf einen Bogen geschickt [10], als eine Jagd ?

Der Mann war voll Freude. "Du verdienest diese Zierrathen,

1. Prét. de stechen, gestochen, piquer. — 2. Prét. de schlagen, geschlagen. frapper, ruer. — 3. Impér. de sehen, sah, gesehen, voir. — 4. Impér. de treffen, traf, getroffen, atteindre.
5. Prét. de schießen, geschossen, tirer. — 6. Ist, est, consiste dans. — 7. Dem ist abzuhelfen, on peut y porter remède. — 8. Prét. de einfallen, eingefallen, venir à l'idée. — 9. Prét. de hingehen, hingegangen, aller. — 10. Sich schicken, convenir.

mein lieber Bogen!" Indem will er ihn versuchen : er spannt,
und der Bogen zerbricht[1].

Lessing.

La Mouche et l'Abeille.

Zur Biene sprach die Fliege :
"Geliebte Biene, sprich,
Was machst du, daß man dich
Auf keinem deiner Züge
Verfolgt und jagt wie mich?
Vor jeder Hand muß ich
Mein kleines Leben hüten.
Du schwingst dich frei empor,
Holst[2] ungestraft aus Blüthen
Den Honigseim[4] hervor;
Mir, streck[5] ich meinen Rüssel
Nach eines Armen Brod,
Nach eines Reichen Schüssel,
Mir droht sogleich der Tod.
Ich glaube, könnt'[6] ich stechen
Und mich so scharf, wie du,
An meinen Feinden rächen ,
Man ließe[7] mich in Ruh'."
"Du irrst," versetzt die Biene
"Was noch weit sich'rer mich
In Schutz nimmt, ist, daß ich
Durch Fleiß den Menschen diene."

Tiedge.

---

1. Ind. prés. 3e pers., sing. de zerbrechen zerbrach, zerbrochen, se rompre.
2. Holst... hervor, tu tires en avant, tu puises. — 3. Blüthe, fleur qui
donne un fruit, Blume, fleur d'agrément. — 4. Honigseim, archaïsme,
pour Honig, miel. — 5. Streck' ich, si j'étends. — 6. Könnt' ich, si je pouvais. — 7. Prét. du subj. de lassen, ließ, gelassen, laisser.

Les trois Coupes.

In einem offenen Zimmer des weisen, mit siebenzig Jahren beladenen Salomo, standen auf einem Gestelle drei Gläser neben einander. Auf dem ersten war der Name „Zufriedenheit" gemalt; es war dick und trübe und glänzte nur matt. Das zweite, mit schon helleren und lieblicheren Farben, hatte zur Aufschrift „Fröhlichkeit." Das dritte aber, „Wonne" mit Namen. war glänzend hell, wie Thau und Diamant, und sein Farbenspiel funkelte, wie Sapphir und Rubin. — Ein plötzlich sich erhebender Sturmwind aber warf[1] alle drei zu Boden. Da war das Glas der Wonne in tausend Splitter zersprungen[2], das der Fröhlichkeit hatte einen starken Sprung mitten durch seine schönsten Farben; einzig unversehrt[3] lag das Glas der Zufriedenheit da.

Zollikofer.

Le Menteur puni.

Ein böser Bub' stellt' oft sich lahm[4]
Und rief, er hätt' ein Bein gebrochen;
Doch wenn ihm der zu Hilfe kam,
Den er um Beistand angesprochen[5],
So war der Dank alsdann : er wies[6]
Die Zähne dem, der sich betrügen ließ.

Dies Spiel hatt' er schon oft getrieben[7],
Bis er sein Bein einst wirklich brach[8]
Und jammernd auf der Straße lag[9].
Da weint' er : „Helft mir doch, ihr Lieben!

1. Prét. de werfen, geworfen, jeter. — 2. Part. passé, zersprungen, zersprang, voler en éclats. — 3. Intact.
4. Stellte sich lahm, feignait d'être estropié. — 5. Der... den er um Beistand angesprochen (hatte), celui dont il avait imploré le secours. — 6. Prét. de weisen, gewiesen, montrer. — 7. Part. passé de treiben, trieb, faire aller, faire. — 8. Prét. de brechen, gebrochen, casser. — 9. Prét. de liegen, gelegen, être couché.

Ich schwör's bei jenem Sonnenlicht,
Ich scherze diesmal, wahrlich! nicht.
Wo ist eu'r Mitleid denn geblieben [1]?
So helft mir doch, mir armen Mann,
Und laßt mich nicht so lange liegen!"
Doch jeder Nachbar schrei't, so laut er kann:
„Such' einen andern zu betrügen!"

So kommt der Lügner meistens an [2].
Man glaubet ihm selbst dann auch nicht,
Wann er einmal die Wahrheit spricht.

Nicolay.

—

Le Renard et le Chat.

Es trug sich zu [3], daß die Katze im Walde dem Herrn Fuchs begegnete; und weil sie dachte, er ist klug und wohlerfahren und gilt [4] viel in der Welt, so sprach sie ihm freundlich zu: „Guten Tag, lieber Fuchs, wie steht's [5]? Wie geht's? Wie schlagt Ihr Euch durch [6] in dieser theuren Zeit?" — Der Fuchs, alles Hochmuthes voll, sah sie an [7] von Kopf bis zu Fuß und wußte [8] lange nicht, ob er ihr etwas antworten sollte. Endlich sprach er: „O du armer, buntschäckiger Wicht, du Hungerleider und Mäusejäger, was kommt dir in den Sinn? Fragst du, ob mir's wohlgehe; und ich bin Herr über hundert Künste?" — Die Katze wollte ihm bescheiden antworten, aber in demselben Augenblicke kam ein Dachshund dahergelaufen [9]. Wie der Fuchs den sah,

---

1. Part. passé de bleiben, blieb, rester. — 2. So kommt der Lügner an, c'est ainsi que le menteur est reçu.

3. Il advint; trug sich zu, prét. de zutragen, zugetragen, arriver. — 4. Ind. prés. 3e pers., s. de gelten, galt, gegolten, valoir; gilt viel, est un personnage important. — 5. Wie steht's (comment cela se tient-il), comment vous portez-vous? — 6, Sich durchschlagen, se tirer d'affaire. — 7. Prét. de ansehen, angesehen, regarder. — 8. Prét. de wissen, gewußt' savoir. — 9. Kam.... daher gelaufen, arriva en courant.

machte er, daß er in seine Höhle kam; die Katze aber sprang behende auf eine Buche und setzte sich in den Gipfel, wo Aeste und Laubwerk sie ganz verbargen[1]. Bald kam der Jäger, und der Dachshund spürte den Fuchs und packte ihn. Als die Katze das sah, rief sie ihm hinab[2]: "Ei, Herr Fuchs, seid Ihr doch mit Eurem hundert Künsten stecken geblieben[3]! Hättet Ihr heraufklettern können, wie ich, so war's nicht um Euer Leben geschehen[4]."

Meißner.

Les deux Tonneaux.

Eines Morgens, als der weise Diogenes sich aus seiner Tonne erhob[5], um die Sonne aus dem Meere emporsteigen zu sehen, bemerkte er mit Verwunderung, daß die Morgenröthe statt Einer[6] Tonne, deren zwei umstrahlte. Ein vornehmer Jüngling hatte den Entschluß gefaßt, ein Weiser zu werden, wie der bewunderte und verspottete Diogenes, und hatte in der Nacht seine Tonne gen Kenchräa[7] gewälzt. "Wohl, mein Sohn, sagte der Greis, ich sehe, die Weisheit hat an dir sich einen Jünger erbeutet!"

Der Jüngling lächelte über das Lob des verehrten Greises.

Diogenes aber nahm seine Tonne, wälzte sie gegen das Meer und stürzte sie hinein. Da schwankte sie auf den Wogen dahin.

Der Jüngling erstaunte. Da sprach Diogenes: "Ich habe an dir endlich einen würdigen Schüler gefunden. Vollende nun deinen Sieg über dich selbst. Verschreibe[8] mir deine Güter, und ich will hingehen und sie den Armen vertheilen[9]."

---

1. Prét. de verbergen, verborgen, cacher. — 2. Il lui cria du haut de l'arbre. — 3. Stecken bleiben, rester court, dans l'embarras. — 4. War's nicht geschehen um, ce n'en était pas fait de.

5. Prét. de erheben, erhoben, lever. — 6. Écrit avec une majuscule Einer est accentué plus fortement et signifie : un seul. — 7. Cenchrée, faubourg de Corinthe. — 8. Lègue-moi. — 9. Und ich will hingehen und sie vertheilen,

Der Jüngling antwortete : „Ich habe noch Einiges zu Hause zu beschicken"; ließ seine Tonne dahinten, und entfernte sich.

Da lächelte Diogenes und sprach : „Die possierlichen Menschen ! sie meinen [1], es sey mit der Tonne genug ! aber sie täuschen sich selber : wie wollten sie gegen Andere wahr seyn können?" So sprach er und begab [2] sich in die neue Tonne.

Der vornehme Jüngling aber blieb [3] daheim, und schämte sich, und fühlte, daß er erst jetzt den ersten Schritt zur Weisheit gethan habe.

Krummacher.

—

Le Cheval et le Chameau.

„Vater der Thiere und Menschen, so sprach das Pferd, und nahete sich dem Throne des Zeus : man sagt, ich sey eines der schönsten Geschöpfe, womit du die Welt gezieret [4], und meine Eigenliebe heißt [5] es mich glauben. Aber sollte gleichwohl nicht noch Verschiedenes an mir zu bessern seyn?"

— „Und was meinest du denn, daß an dir zu bessern sey? Rede; ich nehme Belehrung an [6]," sprach der gute Gott, und lächelte.

— „Vielleicht, sprach das Pferd weiter [7], würde ich flüchtiger seyn, wenn meine Beine höher und schmächtiger wären; ein langer Schwanenhals würde mich nicht verstellen; eine breitere Brust würde meine Stärke vermehren : und da du mich doch einmal bestimmt hast, deinen Liebling, den Menschen, zutra-

---

je veux aller, j'irai les distribuer. On supprime en français ce „und" entre deux verbes dont l'un est le complément de l'autre. — 1. Après les verbes meinen, glauben, sagen, etc., employés affirmativement ou interrogativement on peut supprimer daß de la proposition subordonnée qui suit. — 2. Prét. de sich begeben, se rendre (quelque part). — 3. Prét. de bleiben, geblieben, rester.

4. Sous-entendu hast. — 5) Heißt es mich, me dit de le... — 6) J'accepte les conseils. — 7) Sprach... weiter, continua.

gen, so könnte mir ja wohl der Sattel anerschaffen sein den mir der wohlthätige Reiter auflegt.‘‘

„Gut, versetzte Zeus; gedulde dich einen Augenblick! Zeus, mit ernstem Gesichte, sprach das Wort der Schöpfung. Da quoll[1] Leben in den Staub, da verband sich organisirter Stoff, und plötzlich stand vor dem Throne — das häßliche Kameel.

Das Pferd sah, schauderte und zitterte vor Abscheu.

— „Hier sind höhere und schmächtigere Beine,‘‘ sprach Zeus; ‘‘hier ist ein langer Schwanenhals; hier ist eine breitere Brust; hier ist der anerschaffene Sattel! Willst du, Pferd, daß ich dich so umbilden soll?‘‘ Das Pferd zitterte noch.

— „Geh, fuhr Zeus fort; dieses Mal sey belehrt, ohne be= straft zu werden. Dich deiner Vermessenheit aber dann und wann zu erinnern, so daure du fort, neues Geschöpf,‘‘ — Zeus warf einen erhaltenden Blick auf das Kameel, — „und das Pferd erblicke dich nie ohne zu schaudern!‘‘

Lessing.

———

La Vigne fleurie.

Samuel, der Richter und Hochmeister in Israel, besuchte eines Tages die Schule der Propheten zu Giboa, die er selbst gestiftet hatte, und es erfreuten ihn die Fortschritte in man= nigfaltiger Weisheit und in der Kunst des Saitenspiels und des Gesanges, welche die Schüler gemacht hatten.

Auch war unter ihnen ein Jüngling, Namens Adoniah, der Sohn Milcha : und Samuel hatte Wohlgefallen an dem Kna= ben, denn er war schön von Angesicht, dazu der Ton seiner Stimme voll Kraft und lieblich. Aber seine Seele war voll Trotz und eiteln Wahnes[2], weil er es den andern zuvorthat[3]

1. Prét. de quellen, gequollen, sourdre, couler, jaillir.
2. Eiteln Wahnes, vaine illusion, présomption. — 3. Prét. de zuvorthun,

in Weisheit und künstlichem Nachsinnen. Dazu dünkte er sich verständiger denn [1] sieben Weise, und geberdete sich hochmüthig gegen seine Lehrer, und seine Lippen waren voll hoher Worte und Einbildung.

Da jammerte [2] den Richter in Israel des Knaben Adoniah, denn er liebte ihn vor andern, weil er voll Gaben war. Deßhalb sagte Samuel : „Der Geist Gottes hat den Knaben zu einem Propheten in Israel ersehen [3]; aber er verderbt es selber." Und er führte den Jüngling hinaus in das Gebirge in einen Weinberg, der da liegt gen Ramah. Und siehe, es war die Zeit, da der Weinstock blühet.

Da erhob Samuel seine Stimme und sprach : „ Adoniah, was siehest du? " Und Adoniah sprach : „Ich sehe einen Weinberg, und es umwehet mich [4] ein lieblicher Geruch der Blüthe des Weinstocks, der sich in die Ferne verbreitet."

Da sprach Samuel : „Tritt hinzu [5], und beschaue die Blüthe des Weinstocks."

Und der Jüngling trat hinzu und sprach : „Es ist ein zartes Blümlein, unansehnlich von Farbe und demüthig von Gestalt."

Da antwortete Samuel und sprach : „Und dennoch bringt es hervor [6] eine Frucht Gottes, zu erfreuen des Menschen Herz, und seine Gestalt zu erneuen, daß sie schön werde. Adoniah, so ist das edelste Gewächs des Weinstocks zur Zeit seiner Blüthe, ehe es die köstliche Frucht bringt. Gedenke auch du des Weinstocks in deiner blühenden Jugend."

Und Adoniah, der Sohn Milcha, nahm alle diese Worte Sa=

---

zuvorgethan, dépasser, surpasser. — 1. Que (plus souvent als). — 2. Da jammerte den Richter, le juge eut pitié. — 3. Part. passé de ersehen, ersah, choisir. — 4. Es umwehet mich, il souffle autour de moi, je sens autour de moi. — 5. Impér. de hinzutreten, trat hinzu, hinzugetreten, approcher. — 6. Bringt hervor, porte en avant, produit, de hervorbringen, brachte hervor, hervorgebracht.

muels zu Herzen, und gieng von nun an einher voll stillen und sanftmüthigen Geistes.

Da liebten die Menschen Adoniah, und sprachen: „Der Geist Gottes ist über den Jüngling gekommen [1].“

Krummacher.

Histoire du vieux Loup.
En sept fables.

1.

Der böse Wolf war zu Jahren gekommen [2], und faßte den gleißenden Entschluß, mit den Schäfern auf einem gütlichen Fuße zu leben. Er machte sich also auf [3], und kam zu dem Schäfer, dessen [4] Heerden seiner Höhle die nächsten waren.

— „Schäfer, sprach er, du nennst mich den blutgierigen Räuber, der ich doch wirklich nicht bin. Freilich muß ich mich an deine Schafe halten, wenn mich hungert; denn Hunger thut weh! Schütze mich nur vor dem Hunger; mache mich nur satt, und du sollst mit mir recht zufrieden sein. Denn ich bin wirklich das zahmste, sanftmüthigste Thier, wenn ich satt bin.

— „Wenn du satt bist? Das kann wohl seyn,“ versetzte der Schäfer, „aber wann bist du denn satt? Du und der Geiz werden es nie. Geh deinen Weg.“

2.

Der abgewiesene [5] Wolf kam zu einem zweiten Schäfer.

— „Du weißt, Schäfer, war seine Anrede, daß ich dir, das Jahr durch [6], manches Schaf würgen könnte. Willst du mir überhaupt jedes Jahr sechs Schafe geben, so bin ich zufrieden.

---

1. Ist über den Jüngling gekommen, est descendu sur le jeune homme. —2. Zu Jahren gekommen, litt. : venu à années, devenu vieux. — 3. Machte sich auf, se leva, se mit en route. — 4. Dessen Heerden, dont les troupeaux ; après dessen on supprime l'article du substantif qui suit. 5. Part. passé de abweisen, congédier, renvoyer. — 6. Das Jahr durch.

Du kannst alsdann sicher schlafen, und die Hunde ohne Be=
denken abschaffen [1]."

„Sechs Schafe?" sprach der Schäfer; „das ist ja eine ganze
Heerde! —

— „Nun, weil du es bist, so will ich mich mit fünf begnü=
gen," sagte der Wolf.

— „Du scherzest, fünf Schafe! Mehr als fünf Schafe opfere
ich kaum im ganzen Jahre dem Pan [2]."

— „Auch nicht vier?" fragte der Wolf weiter [3]; und der
Schäfer schüttelte spöttisch den Kopf.

„Drei? — Zwei?" — —

— „Nicht ein einziges," fiel endlich der Bescheid [4]. „Denn
es wäre ja wohl thöricht, wenn ich mich einem Feinde zinsbar
machte, vor welchem ich mich durch meine Wachsamkeit sichern
kann."

3.

— „Aller guten Dinge sind drei [5]" dachte der Wolf, und kam
zu einem dritten Schäfer.

—„ Es geht mir recht nahe [6]," sprach er, „daß ich unter
euch Schäfern als das grausamste, gewissenloseste Thier ver=
schrieen bin. Dir, Montan, will ich jetzt beweisen, wie unrecht
man mir thut. Gib mir jährlich ein Schaf, so soll deine Heerde
in jenem Walde, den niemand unsicher macht, als ich, frei und
unbeschädigt weiden dürfen. Ein Schaf! Welche Kleinigkeit!
Könnte ich großmüthiger, könnte ich uneigennütziger handeln? —
Du lachst, Schäfer? Worüber lachst du denn?"

à travers l'année, pendant l'année. — 1. Du kannst ohne Bedenken abschaffen, tu peux sans hésitation te défaire de. — 2. Pan, dieu des bergers. —
3. Fragte... weiter, demanda plus loin, continua à demander. — 4. Fiel
endlich der Bescheid, tomba finalement la réponse (du berger).

5. Litt. : de toutes les bonnes choses sont trois; toutes les bonnes choses
sont au nombre de trois. — 6. Litt. : Cela me va bien près; je suis bien.

— „O, über nichts! Aber wie alt bist du, guter Freund?" sprach der Schäfer.

— „Was geht dich mein Alter an [1]? Immer noch jung genug, dir deine liebsten Lämmer zu würgen."

— „Erzürne dich nicht, alter Isegrim! Es thut mir leid, daß du mit deinem Vorschlage einige Jahre zu spät kömmst. Deine ausgebissenen [2] Zähne verrathen dich. Du spielst den Uneigennützigen, bloß um dich desto gemächlicher, mit desto weniger Gefahr nähren zu können.

4.

Der Wolf ward ärgerlich; faßte sich aber doch, und ging auch zu dem vierten Schäfer. Diesem war eben sein treuer Hund gestorben, und der Wolf machte sich den Umstand zu Nutze [3].

— „Schäfer," sprach er, „ich habe mich mit meinen Brüdern im Walde veruneinigt, und so, daß ich mich in Ewigkeit nicht wieder mit ihnen aussöhnen werde. Du weißt, wie viel du von ihnen zu fürchten hast! Wenn du mich aber, anstatt deines verstorbenen Hundes, in Dienste nehmen willst, so stehe ich dir dafür [4], daß sie keines deiner Schafe auch nur scheel ansehen [5] sollen."

— „Du willst sie also," versetzte der Schäfer „gegen deine Brüder im Walde beschützen?" — „Was meine ich denn sonst? Freilich." — „Das wäre nicht übel! Aber, wenn ich dich nun in meine Heerden einnehme, sage mir doch, wer sollte alsdann meine armen Schafe gegen dich beschützen? Einen Dieb ins Haus nehmen, um vor den Dieben außer dem Hause sicher zu seyn, das halten wir Menschen" [6] — —

peiné. — 1. « Que l'importe mon âge. » — 2. Adj. formé du part. passé ausgebissen, de ausbeißen, biß aus, user (à force de mordre). — 3. Machte... sich zu Nutze, mit à profit. — 4. Ich stehe dir dafür : je me tiens (garant) à toi, je te garantis. — 5. Scheel ansehen, regarder de travers. — 6. Das halten wir Menschen (sous-entendu für eine Naarheit): nous autres hommes nous regardons cela (comme une folie).

— „Ich höre schon,‘‘ sagte der Wolf, „du fängst an zu moralisieren. Lebe wohl!‘‘

5.

— „Wäre ich nicht so alt!‘‘ knirschte [1] der Wolf; „aber ich muß mich leider in die Zeit schicken [2].‘‘ Und so kam er zu dem fünften Schäfer.

— „Kennst du mich, Schäfer?‘‘ fragte der Wolf.

— „Deines [3] gleichen wenigstens kenne ich,‘‘ versetzte der Schäfer.

— „Meines gleichen? Daran zweifle ich sehr. Ich bin ein so sonderbarer Wolf, daß ich deiner, und aller Schäfer Freundschaft wohl werth bin [4].‘‘

— „Und wie sonderbar bist du denn?‘‘

— „Ich könnte kein lebendiges Schaf würgen und fressen, und wenn es mir das Leben kosten sollte. Ich nähre mich bloß von todten Schafen. Ist das nicht löblich? Erlaube mir also immer, daß ich mich dann und wann bei deiner Heerde einfinden, und nachfragen darf [5], ob dir nicht. —‘‘

— „Spare die Worte,‘‘ sagte der Schäfer. „Du müßtest gar keine Schafe fressen, auch nicht einmal [6] todte, wenn ich dein Feind nicht seyn sollte. Ein Thier, das mir schon todte Schafe frißt, lernt leicht aus Hunger kranke Schafe für todt und gesunde für krank ansehen. Mache auf meine Freundschaft also keine Rechnung [7]; und geh!‘‘

1. Knirschte, grinça, dit en grinçant des dents. — 2. Sich in die Zeit schicken, se plier au temps; prendre le temps comme il vient. — 3. Deines Gleichen : ton pareil; Deines Gleichen, reste toujours invariable; il en est de même de Meines Gleichen, seines Gleichen, etc. — 4. Ich bin werth, je suis digne de... — 5. Ind. prés. 1re pers., s. de dürfen, durfte, gedurft (ich darf, du darfst, er darf), oser, pouvoir, être permis. — 6. Auch nicht einmal, pas même. — 7. Mache keine Rechnung auf, litt. : ne fais pas un compte sur, ne compte pas sur.

6.

— "Ich muß nun schon mein Liebstes[1] daran wenden, um zu meinem Zwecke zu gelangen!" dachte der Wolf, und kam zu dem sechsten Schäfer.

— "Schäfer, wie gefällt dir mein Pelz?" fragte der Wolf.

— "Dein Pelz?" sagte der Schäfer. "Laß sehen! er ist schön; die Hunde müssen dich nicht oft unter[2] gehabt haben."

— "Nun so höre, Schäfer! ich bin alt, und werde es so lange nicht mehr treiben[3]. Füttere mich zu Tode[4], und ich vermache dir meinen Pelz."

— "Ei sieh doch! sagte der Schäfer. Kömmst du auch hinter die Schliche[5] der alten Geizhälse? Nein, nein! dein Pelz würde mir am Ende siebenmal mehr kosten, als er werth wäre. Ist es dir aber ein Ernst, mir ein Geschenk damit zu machen, so gib mir ihn gleich jetzt." — Hiermit griff[6] der Schäfer nach der Keule, und der Wolf floh.

7.

— "O die Unbarmherzigen! schrie[7] der Wolf, und gerieth in die äußerste Wuth. "So will ich auch als ihr Feind sterben, ehe mich der Hunger tödtet; denn sie wollen es nicht besser[8]!"

Er lief, brach in die Wohnungen der Schäfer ein[9], riß ihre Kinder nieder, und ward nicht ohne große Mühe von den Schäfern erschlagen.

---

1. Ich muß mein Liebstes daran wenden, il faut que j'y mette ce que j'ai de plus cher. — 2. Unter, sous-entendu sich, tenu sous eux. — 3. Ich werde es so lange nicht mehr treiben, je ne le mènerai plus si longtemps; je ne vivrai plus bien longtemps. — 4. Zu Tode, à mort, jusqu'à la mort. — 5. Kommst du auch hinter die Schliche, litt. : viens-tu aussi derrière les ruses de..., devines-tu aussi les ruses... — 6. Prét. de greifen, gegriffen, saisir.

7. Prét. de schreien, geschrieen, crier, s'écrier. — 8. Sie wollen es nicht besser, ils ne le veulent pas mieux; ils le veulent ainsi. — 9. Brach ein... Prét. de einbrechen, eingebrochen, faire irruption, s'élancer dans. —

Da sprach der Weiseste von ihnen: „Wir thaten doch wohl Unrecht, daß wir den alten Räuber auf das Aeußerste brachten[1], und ihm alle Mittel zur Besserung, so spät und erzwungen[2] sie auch war, benahmen!"

Lessing.

1. Prét. de bringen, porter; auf's Aeußerste bringen, réduire à la dernière extrémité. — 2. Part. passé de erzwingen, forcer, contraindre.

IV

SOUVENIRS ET RÉCITS

Xénocrate et le Moineau.

Xenokrates saß[1] einst im Freien[2] als sich ein Sperling, der von einem Sperber heftig verfolgt wurde, in seinen Schooß stürzte. Mit innigem Vergnügen nahm er den Geflüchteten auf und ließ[3] ihn nicht eher von sich, als bis der Raubvogel sich weit genug entfernt hatte. Da nun keine Gefahr mehr für ihn zu fürchten war, so öffnete er den Schooß; der Vogel flog[4] davon. Wie sehr freute sich Xenokrates, daß er den armen Sperling gerettet hatte. — Schütze den Schwachen gegen den Starken!

Meißner.

———

Le Marchand et le Marin.

Ein Kaufmann fragte einen Matrosen, was für einen Tod sein Vater gestorben sei[5]? Der Matrose antwortete, sein Vater, Großvater und Urgroßvater wären alle ertrunken[6]. — „Fürchtest du dich denn nicht,‟ fuhr der Kaufmann fort, „gleich=

———

1. Prét. de sitzen, gesessen, être assis. — 2. Im freien (Raum), litt. : dans l'espace libre, en plein air. — 3. Prét. de lassen, laisser; ließ... ihn von sich, le laissa partir. — 4. Prét. de fliegen, geflogen, voler, davon fliegen, s'envoler.

5. Dans le discours indirect on se sert en allemand du subjonctif au lieu de l'imparfait de l'indicatif comme en français. — 6. Part. passé de ertrinken.

falls auf der See zu sterben; — „Aber sage mir doch,“ versetzte der Matrose, „wie ist denn dein Vater, Großvater und Urgroßvater gestorben?“ — „Sie sind alle,“ erwiderte der Kaufmann, „in ihrem Bette gestorben.“ — „Siehst[1] du nun!“ sagte hierauf der Matrose. „Warum sollte ich mich also mehr fürchten, zur See zu gehen, als du dich fürchtest, zu Bette zu gehen?“

Meißner.

—

Un singulier remercîment.

Ein reicher und angesehener Chinese war stolz darauf[2] ein Kleid zu tragen, welches mit den kostbarsten Edelsteinen überall besetzt war. Ein alter und schlechtgekleideter Bonze folgte ihm durch verschiedene Straßen, neigte sich vor ihm bis zur Erde und dankte ihm mehreremal für seine Edelsteine.

„Mein Freund,“ sagte der Reiche, „ich habe dir nie Edelsteine gegeben.“ — „Ganz recht.“ versetzte der Bonze, „aber Ihr gabt[3] mir Gelegenheit, sie zu sehen; und einen andern Gebrauch könnt Ihr doch auch nicht von ihnen machen. Es ist also zwischen uns beiden kein Unterschied, als daß Ihr die Mühe habt sie zu tragen und zu verwahren; und diese Bemühung mache ich mir nicht.“

Schubert.

—

Le prix d'une tête.

Als der letzte König von Polen noch regierte, entstand[4] gegen ihn eine Empörung, was nichts Seltenes war. Einer von den Rebellen, und zwar ein polnischer Fürst, vergaß sich so sehr[5], daß er einen Preis von 20,000 Gulden auf den Kopf

rtrank, se noyer. — 1. Ind. prés. 2e pers., s. de sehen, sah, gesehen, voir.

2. War stolz darauf, était fier de (de cela). Darauf ne se traduit pas en français. — 3, Prét. de geben, gegeben, donner.

4. Prét. de entstehen, entstand, entstanden, naître, éclater. — 5. Prét. de

des Königs setzte. Ja, er war frech genug, es dem Könige sel=
ber zu schreiben, entweder um ihn zu betrüben oder zu erschre=
cken. Der König aber schrieb ihm ganz kaltblütig zurück: „Eu=
ren Brief habe ich empfangen und gelesen. Es hat mir einiges
Vergnügen gemacht, daß mein Kopf bei Euch etwas gilt[1];
denn ich kann Euch versichern, für den Eurigen gäb'[2] ich keinen
rothen Heller."

Hebel.

———

Le Garçon et le Vieillard.

Ein Knabe war einst so nahe an einem Brunnen eingeschla=
fen, daß er sich nur ein wenig zu bewegen brauchte, um hinein=
zustürzen. Indem ging ein Greis vorüber. Er sah ihn, erschrack,
trat leise hinzu, faßte ihn beim Rock und weckte ihn auf. Kaum
war der Knabe erwacht, so schimpfte er den alten Mann, daß
er ihn in seinem süßen Schlummer gestört habe. „Unverständi=
ger Bube!" versetzte der Alte, „also ist dir ein süßer Schlaf
lieber[3] als dein Leben? Sieh[4] vor dich hin, welcher großen Ge=
fahr du entronnen[5] bist!" Der Knabe ward es gewahr[6],
schämte sich und bat[7] den ehrlichen Alten um Verzeihung.

Weiße.

———

Le général Souwarow.

Der russische General Suwarow, den die Türken und Po=
lacken, die Italiener und die Schweizer wohl kennen, hielt[1] ein
scharfes und strenges Commando. Aber was das Vornehmste

---

vergessen, vergaß, vergessen, oublier; vergaß sich so sehr, s'oublia à tel point.
1. Ind. prés. 3e pers., s. de gelten, valoir. — 2. Prét. du subjonctif de ge=
ben, donner.

3. Part. passé de entrinnen, échapper. — 4. Gewahr werden, suivi de
l'accusatif; s'apercevoir de. — 5. Prét. de bitten, prier, bat um Verzeihung,
demanda pardon à.

6. Prét. de halten, tenir; ein scharfes... Commando, un commandement

war, er stellte sich unter sein eigenes Commando, als wenn er ein anderer wäre, und sehr oft mußten ihm seine Adjutanten dies und jenes in seinem eigenen Namen befehlen, was er alsdann pünktlich befolgte. Einmal war er wüthend aufgebracht[1] über einen Soldaten, der im Dienste etwas versehen[2] hatte und fieng schon an[3] ihn zu prügeln.

Da faßte ein Adjutant ein Herz[4], dachte er wollte dem General und dem Soldaten einen Dienst erweisen, eilte herbei und sagte : „Der General Suwarow hat befohlen, man solle sich nie vom Zorn übernehmen lassen!" Sogleich ließ Suwarow nach und sagte : „Wenn's der General befohlen hat, so muß man gehorchen."

Hebel.

L'Espion naïf.

Die Baiern kriegten mit den Schwaben;
Um Nachricht von dem Feind zu haben,
Ward aus dem ganzen Schwabenland
Der klügste Junge hingesandt[5].

Die Baiern merkten sein Betragen;
Man nahm ihn fest[6], ihn auszufragen.
„Ihr Herren, St! laßt mich davon[7]!
Ich muß zurück[8], ich bin ja der Spion!"

Nicolay.

Léopold de Toscane.

Als Leopold noch Großherzog von Toskana war, wurde ihm

sévère. — 1. Il était irrité jusqu'à la fureur. — 2. Part. passé de versehen, mal voir, négliger, mal faire. — 3. Prét. de anfangen, commencer. — 4. Ein Herz fassen, prendre tout son courage.

5. Part. passé de hinsenden, envoyer. — 6. Prét. de festnehmen, arrêter. — 7. Laßt mich davon (sous-entendu gehen), laissez-moi partir. — 8. Sous-entendu kehren, retourner.

eines Abends, da er eben im Begriff war[1] sich zur Ruhe zu begeben, angezeigt, es habe sich erwiesen, daß ein vor wenig Tagen verhafteter Mann ganz unschuldig sey. „So muß er morgen früh auf freien Fuß gestellt werden!" antwortete Leopold. Darnach gieng er zu Bette. Aber der Gedanke, daß ein Unschuldiger nur noch e i n e Nacht lang in peinlicher Ungewißheit über sein Schicksal schweben müßte, ließ ihn nicht einschlafen. Mitten in der Nacht also stand er wieder auf und fertigte einen Befehl aus, den Gefangenen s o g l e i c h seiner Haft zu entlassen[2]. Dann legte er sich nieder, und schlief sanft und ruhig ein.

Niemeyer.

Alexandre le Grand.

Alexander der Große kam auf seinem Zuge[3], die Welt zu erobern, durch eine lange Sandwüste Asiens, in der sich nirgends Wasser befand. Endlich hatte ein Soldat ein wenig aufgefunden[4], und brachte es in seinem Helm dem Alexander. Da dieser aber sah, daß seine Soldaten eben so wie er vor Durst lechzten, sprach er : „Soll ich der einzige seyn, der da trinkt?" und goß[5] das Wasser auf die Erde. Alle, voll Bewunderung über die Enthaltsamkeit des Königs, riefen : „Auf! führe uns fort! wir sind nicht ermattet, wir sind nicht durstig; wir halten uns nicht für sterblich, führt[6] uns ein solcher König!"

Heinsius.

Le maréchal de Turenne.

Der berühmte Marschall von Türenne wurde der Vater der

1. Im Begriff sein, être sur le point. — 2. Seiner Haft entlassen, laisser sortir de prison.
3. Der Zug, l'expédition. — 4. Part. passé de gießen, verser. — 5. Pour, wenn uns ein solcher König führt.

Armen genannt. Kann wohl ein Namen edler seyn? Nur eine Handlung aus seinem Leben, die ihm diesen Namen erwarb oder beweiset, wie würdig er desselben war. — Das französische Heer war auf einem sehr mühsamen Rückzuge begriffen[1]. Türenne mußte Tag und Nacht wachen, um dasselbe vor den Anfällen der Oestreicher zu schützen. Auf diesem beschwerlichen Wege kehrte er einst um, zu sehen, ob sich auch noch alles in der gehörigen Ordnung befände. Da nahm[2] er einen Soldaten wahr, der sich, weil er ganz entkräftet nicht weiter konnte[3], unter einen Baum gelagert hatte, um das Ende seiner körperlichen Leiden zu erwarten. Sogleich steigt der Marschall vom Pferde, hilft dem entkräfteten Soldaten aufstehen, setzt ihn auf sein eigenes Pferd und begleitet ihn, selbst zu Fuße, bis ihre Wagen nachkamen[4].

Schubart.

—

A chacun le sien.

Ein junger Prinz sollte einst in der Schule Richter zwischen einem großen und einem kleinen Knaben sein. Der kleine Knabe verklagte den größern, er habe ihm seinen langen Rock genommen und einen kürzern dafür[5] zurückgelassen. „Und warum das?" fragte der Prinz den größern Knaben. „Wir wechselten unsere Röcke," antwortete dieser, „zum Scherz. Sein langer Rock paßte mir, und mein kurzer ihm ganz vortrefflich." So ist uns ja beiden geholfen,[6] dachte ich, und ließ ihn mit mir tauschen." Der junge Richter fand das ganz vernünftig und redete dem jüngern zu, es sich gefallen zu lassen.

---

1. Auf einem Rückzug begriffen sein, battre en retraite. — 2. Nahm wahr, prét. de wahrnehmen, s'apercevoir. — 3. Sous-entendu gehen. — 4. Prét. de nachkommen, suivre.

5. Pour cela, en échange. — 6. Voilà qui nous arrange tous les deux. — 7. Zureden, engager à.

6

Darüber kam der Lehrer und hörte das Urtheil. „Sehr gut,‟ sprach er, „wenn Sie, mein lieber Prinz, die Kleidung der Knaben nach der Schicklichkeit hätten vertheilen sollen : allein davon ist nicht die Rede. Es ist die Frage : „Ist's Recht? Und die erste Regel der Gerechtigkeit heißt : „Laß jedem das Seine!‟

Meißner.

Le Convive imberbe.

Zur Tafel lud [1] ein General
Zehn oder zwanzig Kriegsgefährten.
Die Herren prangten allzumal
Mit langen Schnurr- und Knebelbärten [2].
Sein Söhnchen, das fünf Jahr erst alt,
Schon als ein kluges Männchen galt [3],
Erkor [4] sich einen Stuhl am Tische.
Doch Vater sprach : „Es hat nicht Art [5],
Daß so ein [6] Junker Ohnebart
Sich unter bärt'ge Männer mische.‟

Verdrießlich ging der kleine Mann,
Mit träger Langsamkeit der Schnecke,
Zum Kindertischlein in der Ecke;
Und als er hier sein Mahl begann
Erschien der Kater, der gelitten [7]
Im Hause war mit leisen Schritten,
Um sich bei ihm zu Gast zu bitten.

1. Prét. de laden, mieux einladen, inviter. — 2. Der Schnur- und Knebelbart, les moustaches et la barbiche. — 3. Prét. de gelten, valoir, passer pour. — 4. Prét de erküren, choisir. — 5. Es hat nicht Art, litt. : cela n'a pas manière; il n'est pas convenable. — 6. So ein, pour ein solcher. — 7. Part. passé de leiden, souffrir, tolérer.

„Fort!" sagte Fritz, „laß mich in Ruh!
Sonst werd' ich in den Stall dich sperren.
Geh, speise dort mit jenen Herren;
Dein Bart ist lang genug dazu!"

Pierre le Grand.

Schon hatte ihn die Krankheit ergriffen [1], die ihn später ins Grab brachte, als Peter I. von seiner Residenzstadt in seiner gewöhnlichen Schaluppe nach Sesterbeck fuhr [2]. Gegen Abend erhebt sich ein Sturm; der Kaiser bemerkt einen Kahn, der, von Kronstadt kommend, von den wilden Wogen auf die Sand-bänke geworfen war. Sogleich schickt er alle seine Matrosen ab, den Schiffbrüchigen Hülfe zu leisten; er selbst bleibt allein mit einem Schiffsjungen zurück. Gleich darauf aber zieht eine Frau mit ihrem Kinde, die gegen die Fluthen kämpfen, seine Aufmerk-samkeit auf sich; schon scheint alle Hoffnung, sich zu retten, bei ihnen verschwunden zu sein: sie sind im Begriff [3] zu sinken. Der Kaiser, nur die Stimme der Menschlichkeit hörend und seine eigenen Schmerzen sowie die Wichtigkeit seines Lebens ver-gessend, wirft sich ins Meer und entreißt die beiden Unglück-lichen dem unvermeidlichen Tode. Ist eine solche That nicht ruhmvoller als eine ganze Reihe mit Blut erkaufter Siege?

Meißner.

Le Derviche offensé.

Der Günstling eines Sultans warf einen armen Derwisch, der ihn um ein Almosen bat [4], mit einem Steine [5]. Der miß-

---

1. Part. passé de ergreifen, saisir, atteindre. — 2. Prét. de fahren, aller (en voiture, en traineau ou en bateau). — 3. Im Begriff, sur le point de.
4. Prét. de bitten, prier; bitten um, demander. — 5. Mit einem Stein

handelte Geistliche unterstand sich [1] nicht, etwas zu sagen, hob aber den Stein auf [2] und nahm ihn mit sich. „Ueber kurz oder lang [3]," dachte er, „werde ich gewiß Gelegenheit bekommen, mich an diesem stolzen und grausamen Menschen mit dem näm_lichen Steine zu rächen."

Einige Tage darauf hörte er ein Geschrei auf der Straße; er erkundigte sich und vernahm, der Günstling sei in Ungnade gefallen, der Sultan lasse ihn eben jetzt auf einem Kameele durch die Gassen führen und allen Beleidigungen des Pöbels preisgeben.

Geschwind griff der Derwisch nach seinem Steine; bald aber kam er zu sich, warf ihn in den Brunnen und sagte: „Jetzt fühle ich, daß man sie nicht rächen müsse : denn ist unser Feind mächtig, so ist es unklug und thöricht; ist er aber unglücklich, so ist es niedrig und grausam."

Liebeskind.

—

La juste punition.

Der Knecht hat erstochen den [4] edlen Herrn :
Der Knecht wäre selber ein Ritter gern.
Er hat ihn erstochen im dunkeln Hain
Und den Leib versenkt in den tiefen Rhein;
Hat angeleget die Rüstung blank,
Auf des Herren Roß sich geschwungen frank.
Und als er sprengen will über [5] die Brück',
Da stutzet das Roß und bäumt sich zurück.
Und als er die goldenen Sporen ihm gab,
Da schleudert's ihn wild [6] in die Wogen hinab.
Mit Arm, mit Fuß, er rudert und ringt;
Der schwere Panzer ihn niederzwingt [7].

Uhland.

werfen, jeter une pierre à... — 1. Sich unterstehen, se permettre. — 2. Hob... auf, prét. de aufheben, lever, ramasser. — 3. Tôt ou tard.
4. Den pour seinen. — 5. Sprengen über, franchir au galop. — 6. Furieux. — 7. L'entraîne au fond.

L'échange généreux.

Der Erzherzog Karl von Oestreich, dieser heldenmüthige und tugendhafte Fürst, reiste im Jahre 1800 nach Böhmen, um bei dem Heere, welches gegen die Franzosen focht [1], einen Oberbefehl zu übernehmen. Als er sich dem Schauplatz des blutigen Kampfes näherte, traf er viele Verwundete, die, verlassen von aller Hülfe, sich mühsam fortschleppten, und wenn noch Kräfte übrig waren, zum Theil ihre Bagagewagen selbst zogen, damit sie dem Feinde nicht in die Hände fallen möchten. Der Prinz ließ sogleich von mehreren, gleichfalls schon im Rückzug begriffenen [2] Kanonen die Pferde abspannen und sie vor die Wagen bringen, auf welche nun die Verwundeten sich setzen mußten, und sagte: „Diese braven Männer verdienen es wohl mehr gerettet zu werden, als ein Paar Kanonen."

Sobald der französische Befehlshaber Moreau diese hochherzige Handlung des deutschen Heerführers erfuhr, befahl er sogleich, den Oestreichern jene verlassenen Geschütze zurück zu geben: „Denn," sagte er, „ich will keine Kanonen haben, die aus so menschenfreundlichen Beweggründen zurückgelassen worden sind."

Niemeyer.

Le sujet fidèle.

Als die Franzosen im Jahr 1809 gegen Wien vordrangen [3], sollte ein Bauer der Führer einer Truppenabtheilung werden. Mit ihr gedachte [4] der Feind durch einen Nachtmarsch einen wichtigen Plan auszuführen. „Gott bewahre mich," sagte der Bauer, „ das thue ich nimmermehr." Heftig drang der fran=

---

1. Prét. de fechten, combattre, se battre. — 2. Im Rückzug begriffen, battant en retraite.
3. Prét. de vorbringen, avancer. — 4. Prét. de gedenken, penser. —

zöfifche Offizier, der den Vortrab befehligte, in ihn [1]; aber der Bauer blieb bei feiner Weigerung. Der Offizier beftürmte ihn mit Verfprechungen, er bot ihm einen vollen Beutel mit Gold an; Alles vergebens. Inzwifchen langte der Hauptzug der Feinde an, und ihr General war fehr erzürnt, den Vortrab noch hier anzutreffen. Als er erfuhr, daß der einzige des Weges kundige Mann [2] fich durchaus nicht bewegen laffe, ihr Wegweifer zu fein, ließ er den Bauern vorführen. ,,Entweder,'' rief er ihm zu, ,,du zeigft uns den rechten Weg oder ich laffe dich erfchießen!''

— ,,Ganz gut!'' erwiderte der Bauer, ,,fo fterbe ich als rechtfchaffener Unterthan und brauche nicht Landesverräther zu werden.'' Da bot ihm der erftaunte General die Hand und fprach: ,,Geh' heim, wackerer Mann, wir wollen uns ohne Führer behelfen.''

Petiscus.

La chapelle de la montagne.

Auf des Berges höchfter Stelle
Stehet friedlich die Kapelle.
Winket weit mit frommem Gruße
In die Thale [3] längs dem Fluffe.
Auf den mächt'gen Felfenhöhen
Bleibt der Wandrer finnend ftehen [4]:
Nach der Heimath ftill zurücke
Suchen fich den Weg die Blicke,
Gehn zur Fremde ftillbefangen,
Halb voll Hoffen, halb voll Bangen.
,,Dünkt mich doch, auf meinen Bahnen
Soll mich hier das Kirchlein mahnen,

---

1. Prét. de dringen, presser; drang in ihn, le pressa. — 2. Der einzige des Weges kundige Mann, le seul homme qui connût le chemin. 3. Pluriel poétique pour Thäler, vallées. — 4. Le voyageur s'arrête pensif.

Andachtsvoll hineinzutreten
Und in Demuth dort zu beten :
Für die Meinen reichen Segen,
Heil für mich auf fremden Wegen.''

Müller.

———

Joseph II d'Autriche.

Nach einem starken Thauwetter war einst bei Wien die Do=
nau über ihre Ufer hervorgebrochen [1] und hatte die ganze Leo=
poldstadt überschwemmt. Die Verbindung dieser Vorstadt mit
Wien selbst war nun schon seit zwei Tagen gänzlich unter=
brochen, und es fieng an Mangel an den nothwendigsten Be=
dürfnissen einzureißen, da niemand es sich getraute [2] etwas
hinüber zu führen. Fürchterliche Eismassen wogten auf den Flu=
then des brausenden, wilden Stromes, und bedrohten jeden
Kahn mit unvermeidlichem Untergange. Da kam Joseph heran=
gesprengt [3], sah die Noth, sprang vom Rosse und stieg uner=
schrocken in einen Kahn, den drei sich dazu erbietende [4], muth=
volle Schiffer leiteten. Glücklich kam er nach der nothleidenden
Vorstadt hinüber, fragte nach allem was gebraucht wurde [5],
und eilte durch Eisschollen und Fluthen nach Wien zurück. Sein
Beispiel hatte die Möglichkeit der Fahrt, so gefährlich sie übri=
gens auch [6] seyn mochte, gezeigt, und als er nun eine Aufforde=
rung ergehen ließ [7], den bedrängten Vorstädtern Lebensmittel
zuzuführen, sah man augenblicks eine Menge von Kähnen in
Bewegung, die der Noth ein Ende machten.

Niemeyer.

1. Part. passé de hervorbrechen, faire irruption, déborder. — 2. Sich ge=
trauen, oser, avoir le courage. — 3. Part. passé de heransprengen, arriver
au galop, à bride abattue. — 4. Sich dazu erbietende, litt.: s'offrant pour
cela. — 5. Was gebraucht wurde, litt. : ce qui était employé, ce dont on
avait besoin. — 6. So... auch, quelque.. que. Remarquez l'ind. en allemand. — 7. Ergehen lassen, publier, lancer.

Gustave III de Suède.

Gustav III., König von Schweden, ritt einst durch [1] ein Dorf, wo ein artiges Bauernmädchen am Brunnen stand und Wasser schöpfte. „Mein Kind, gib mir doch zu trinken,‘‘ sagte der König. Freundlich bot ihm das Mädchen einen Labetrunk. — „Du bist ein so dienstfertiges, gutes Mädchen,‘‘ sagte darauf der König; „komm mit mir in die Stadt, da sollst du gute Tage haben.‘‘ „Nein, guter Herr,‘‘ erwiderte sie; „ich kann nicht von hier fortgehen : ich muß meine arme, kranke Mutter pflegen.‘‘ — „Deine Mutter?‘‘ fragte jener, „wo ist sie?‘‘ — „Hier neben in der Hütte,‘‘ antwortete das Mädchen.‘‘ Gustav ging mit in die Hütte. Hier fand er eine alte, kranke Frau auf blosem Stroh liegen und ächzen [2]. „Ihr dauert mich, Mütterchen,‘‘ sagte der menschliche König. — „Ja, lieber Herr, ich bin arm und krank,‘‘ sagte die Alte; „aber ich müßte vergehen, wenn mich nicht meine Tochter da mit ihrer Hände Arbeit nährte und so sorgsam pflegte. O, Gott vergelt’s ihr [3]!‘‘ — Thränen rollten ihr bei diesen Worten über die hageren, bleichen Wangen, und Gustav weinte mit. Froh in diesem seligen Augenblick, daß er König war, ließ er gleich eine ansehnliche Summe Geldes zurück, wies der armen Familie einen kleinen Hof [4] an, versprach ihr einen lebenslänglichen Unterhalt, und der Tochter eine reichliche Aussteuer mit den Worten : „Du verdienst den besten Mann meines Königreichs, liebe Tochter, weil du deine Mutter so ehrst und liebst. Ich bin dein König.‘‘

Schubart.

1. Ritt... durch, litt. : chevaucha à travers; passa par, traversa (à cheval). — 2. Ces deux infinitifs se traduisent en français par des part. présents. — 3. Que Dieu le lui rende. — 4. Der Hof, la ferme.

Le Cerf blanc.

Es gingen drei Jäger wohl [1] auf die Birsch [2],
Sie wollten erjagen den weißen Hirsch.
Sie legten sich unter den Tannenbaum,
Da hatten die drei einen seltenen Traum.

Der erste:

„Mir hat geträumt, ich klopft’ an den Busch;
Da rauschte der Hirsch heraus: husch, husch!“

Der zweite:

„Und als er sprang in der Hunde Geklaff [3],
Da brannt’ ich ihm auf das Fell [4] piff, paff!“

Der dritte

„Und als ich den Hirsch an der Erde sah,
Da stieß ich lustig in’s Horn [5], trara!“

So lagen sie da und sprachen, die drei;
Da rannte der weiße Hirsch vorbei.
Und eh’ die Jäger ihn recht gesehn [6]
So war er davon über Tiefen und Höh’n.

Uhland.

Le jeune Vacher.

Ein Knabe weidete eine Kuhe auf einem Grasplatze, neben
einem Garten. Als er nun in die Höhe sah nach einem Kirsch=
baume, bemerkte er, daß einige reife Kirschen auf demselben

---

1. Wohl, est explétif. — 2. Auf die Birsch, à la chasse. — 3. Das Ge=
flaff, les aboiements. — 4. Auf das Fell brennen, litt.: brûler sur la peau,
tirer sur (avec une arme à feu). — 5. Ins Horn stoßen, sonner du cor. —
6. Sous-entendu hatten.

waren; die glänzten ihm röthlich entgegen, und es gelüstete ihn[1] sie zu pflücken. Da ließ er das Thier allein und kletterte auf den Baum.

Die Kuh aber, da sie den Hirten nicht sah, ging davon und brach[2] in den Garten und fraß Blumen und Kräuter nach ihrem Gelüste; anderes zertrat sie mit den Füßen. — Als der Knabe dies sah, ward er sehr entrüstet, sprang von dem Baum auf die Erde, lief hin, ergriff die Kuh und schlug sie jämmerlich.

Da trat der Vater, der alles gesehen hatte, zu dem Knaben, sah ihn ernst an und sprach: „Wem gebühret[3] solche Züchtigung, dir, oder dem Thiere, welches nicht weiß, was rechts oder links ist? Bist du minder deinem Gelüste gefolgt, als das Thier, welches du leiten solltest? Und nun übest du solch ein unbarmherziges Gericht[4] und vergissest[5] deiner Vernunft und deiner eigenen Sünde?" —

Da schämte sich der Knabe und erröthete vor dem Vater.

Krummacher.

La Fée Morgane.

An der Küste von Sicilien findet man zuweilen eine merkwürdige Naturerscheinung[6] die unter dem Namen Fata Morgana bekannt ist. Wenn an heitern Tagen die Strahlen der Sonne mit der Fläche[7] der See einen Winkel[8] von 45 Grad machen, und die Wasserfläche vollkommen ruhig und glatt ist, so bemerkt der Zuschauer, der auf einer Anhöhe der Stadt Reggio mit dem Gesicht gegen die See gekehrt steht und die Sonne im Rücken hat, auf der Oberfläche des Wassers schöne

---

1. Es gelüstete ihn, il eut envie. — 2. Prét. de brechen (in), envahir. — 3. Wem gebühret, à qui revient? — 4. Gericht üben, litt. : exercer la justice, punir. — 5. Vergessen, ne régit le génitif qu'en poésie ou dans le langage élevé; généralement il régit l'accusatif.

6. Phénomène. — 7. Die Fläche, la surface. — 8. Der Winkel, l'angle. —

Paläste mit ihren Balkonen und Fenstern, hohe Thürme, Kirchen, Processionen, Armeen von Soldaten zu Roß und zu Fuß, Wagen mit Spazierenfahrenden; man sieht schöne Ebenen mit grasendem Hornvieh und Schafen, Trümmer von Gebäuden mit Säulen, Pfeilern und Bogen, und wer das bemerkt, ruft freudig aus: „Fata Morgana! Fata Morgana!" Das Volk strömt herzu, betrachtet die Wunderdinge, die sich langsam vorüberziehend[1] zeigen, eins nach dem andern auftauchend und verschwindend, bis die Sonne, höher oder niedriger stehend, dem ganzen Schauspiel ein Ende macht.

Kein Italiener läßt sich die Überzeugung rauben, daß eine Fee Morgana dort im Meer wohnt und daß sie bei schönem heiterm Wetter dann und wann[2] auftaucht aus ihrem nassen Elemente, ihre Paläste und Städte mit sich emporhebend über die spiegelblanke Fläche des Meeres sammt den Bewohnern derselben, und wehe dem, der es wagen wollte[3], die Leute in ihrem süßen Wahne zu stören.

Zimmermann.

La Colombe tuée.

Vor meinem Fenster saßen sie,
  Die lieben Täubchen beide;
Sie flogen aus, sie kehrten heim
  Zu meinem Fenster beide.

Ein Iltiß schlich zum Schlag hinein
  Und würgte mir das eine;
Das andere am Fenster sitzt:
  Ich seh' es an und weine.

1. En passant lentement. — 2. De temps en temps. — 3. Der es wagen wollte, qui oserait. Les auxiliaires de mode sollen, wollen, mögen, etc., rendent souvent en allemand ce que l'on exprime en français par le futur, le conditionnel ou le subjonctif.

Ich hol' ihm Wasser, hol' ihm Korn;
  Das alles will's nicht haben[1];
Es thut, als wollt' es sagen mir,
  Ich sollt' es nur begraben.

Es schloß sein Aug', und ich begrub's
  Dort unterm grünen Flieder[2].
Ich sah's und seh' es immer noch
  Und wein' auch immer wieder.

Fallersleben.

Curius Dentatus.

Curius Dentatus, ein sehr kluger Mann und einer der best[en]
Feldherren, die je die Römer gehabt haben, brachte die Sab[i]-
ner, der damaligen Römer furchtbare Feinde, so weit[3], d[aß]
sie demüthig um Frieden bitten mußten. In diesem, so wie i[n]
andern Kriegen, hatte er als Consul und Diktator Gelegenhe[it]
genug, sich zu bereichern; allein weit entfernt sich Schätze z[u]
sammeln und seine Mitbürger darben[4] zu sehen, begnügte [er]
sich mit einem kleinen Landgute[5], das er selbst bearbeitete, un[d]
von dessen Ertrag er nur mäßig lebte. — Als er die Sabine[r]
zu Paaren getrieben hatte[6], schickten sie Gesandte mit Geld z[u]
ihm, damit sie ihn bewegen möchten, ihnen bei den Römer[n]
einen nicht gar zu harten Frieden auszuwirken. Die Gesandte[n]
trafen ihn stehend beim Heerde an, wie er Rüben vom Schmu[tz]
reinigte, um sie am Feuer zu kochen. Sie boten ihm die Ge[-]
schenke an. Ganz gelassen gab er ihnen zur Antwort: „Ic[h]
verlange Euer Geld nicht; ich will gern arm sein, wenn nur
die reich sind, denen ich zu befehlen habe. Gehet nach Rom vo[r]

1. Haben wollen, vouloir de, will nicht haben, ne veut pas de. — 2. L[e]
lilas; un des rares noms d'arbres qui soient du masculin.
3. So weit bringen, mener si loin, réduire à une telle extrémité. —
4. Darben, souffrir de la faim. — 5. Ein Landgut, une terre, une campa-
gne. — 6. Zu Paaren treiben, litt.: mener par couple, défaire. — 7. Pourvu
que.

m Senat. Auf euch wird es ankommen[1], ob ihr von ihm
rieden oder Krieg haben wollt."

Campe.

La fidélité chrétienne.

Ein heidnischer König ließ einen frommen Bischof vor sich
führen und verlangte, daß er seinen Glauben verleugnen und
den Göttern opfern sollte. Der Bischof aber sprach: „Mein
Herr und König, das thue ich nicht."

Da ward der König sehr entrüstet und sprach: „Weißt du
nicht, daß dein Leben in meiner Gewalt stehet, und daß ich dich
tödten kann? Ein Wink, und es geschieht."

„Das weiß ich," antwortete der Bischof; „aber gestatte
mir zuvor, daß ich dir ein Gleichniß vorlege und eine Frage
zur Entscheidung: Gesetzt[2], einer deiner treuesten Diener fiele
in die Gewalt deiner Feinde, und sie suchten ihn zur Untreue
gegen dich zu bewegen, damit er ein Verräther an dir würde.
Aber als dein Diener unverrückt[3] beharrte in seiner Treue;
nähmen ihn die Feinde, zögen ihm alle seine Kleider aus und
jagten ihn nackend mit Spott von dannen. Sage, mein König,
wirst du, wenn er also zu dir kommt, ihm nicht von deinen
besten Kleidern geben und ihm die Schande mit Ehre vergel=
ten?"

Da antwortete der König und sprach: „Nun wohl; aber
was soll dieses[4], und wo ist solches geschehen?" — Da sprach
der fromme Bischof: „Siehe, du kannst mich auch entkleiden[5]
von diesem irdischen Gewande; aber ich habe einen Herrn, der
wird mich neu bekleiden.Sollte ich denn des Kleides achten[6] und
die Treue dafür hingeben?"

1. Auf euch wird es ankommen, il dépendra de vous.
2. Supposons que. — 3. Unverrückt beharren, demeurer inébranlable. —
4. Sous-entendu bedeuten, qu'est que cela doit signifier? — 5. Entkleiden,
dépouiller. — 6. Achten avec le génitif, faire attention à.

Da sprachderheidnische König : „Gehe! ich schenke dir
Leben.‟

                                        Krummacher.

___

L'Enfant et l'Arbrisseau.

„Mein Sohn, der junge Baum ist dein :
Er wird mit dir von gleichem Alter sein.
Sei nur in diesen Frühlingstagen,
In welchen er so herrlich blüht,
Um seine Pflege recht bemüht[1] ;
Dann wird er dir im Herbst die schönsten Früchte tragen
So sprach der Vater. „Tausend Dank!‟
Rief der erfreute Knab' und sprang
Um seinen Baum herum und schmückte
Mit seinen Zweigen sich das Hütchen. Ihn entzückte
Sein Schmuck so sehr, daß er sich täglich Blüthen pflückte,
Bis er dem Baum den ganzen Frühling nahm;
Wo aber blieb die Frucht, als nun der Herbst auch kam?

Daß niemand doch den Keim der Früchte,
Wie dieser Knabe that, vernichte[2]!
Ihr raschen Knaben, haltet euch zurück!
Verscherzt[3] durch frohe Lust nicht eures Lebens Glück!
                                        Tiedge.

___

Les membres du Corps humain.

Die Glieder des menschlichen Leibes wurden einmal über
drüssig, einander zu dienen, und wollten es nicht mehr
thun. Die Füße sagten : „Warum sollen wir allein euch an
dern alle tragen und fortschleppen? Schafft euch selbst Füße

___

1. Sei um seine Pflege bemüht, donne-toi de la peine pour le soigner. —
2. Daß Niemand vernichte, que personne ne détruise! — 3. Verscherzen,
compromettre, perdre.

wenn ihr gehen wollt!" — Die Hände sagten : "Warum sollen wir allein für euch andern alle arbeiten? Schafft euch selbst Hände, wenn ihr welche braucht!" — Der Mund sagte : „Ich müßte wohl ein Thor sein, wenn ich immer für den Magen Speisen kauen wollte, damit er sie nach seiner Bequemlichkeit verdauen möge. Schaffe sich selbst einen Mund, wer einen nö= thig hat!" — Die Augen fanden es gleichfalls sehr sonderbar, daß sie allein für den ganzen Leib beständig auf der Wache stehen und für ihn sehen sollten. Und so sprachen auch alle übrigen Glieder des Leibes, und eines kündigte dem andern den Dienst auf[1]. Was geschah? — Da[2] die Füße nicht mehr gehen, die Hände nicht mehr arbeiten, der Mund nicht mehr essen, die Au= gen nicht mehr sehen wollten, so gerieth der ganze Leib binnen einigen Tagen in einen so großen Verfall, daß alle Glieder zu welken und nach und nach abzusterben anfingen. Da[3] erkann= ten sie ihre Thorheit und wollten sich von neuem zur gegensei= tigen Dienstbarkeit verbinden; aber es war zu spät : der Leib konnte, bei solcher Entkräftung, nicht mehr erquickt und wieder hergestellt werden; und so wurden alle Glieder ihrer Empörung wegen[4] bestraft.

Kampe.

___

La Taupe et L'Écureuil.

„Du armer Schelm da unten in deiner finstern Kluft," raunte ein Eichhörnchen einem Maulwurf in sein Loch hinein, „du dauerst mich. Denk nur, wie gut ich es habe : ein hübsches Häuschen hoch auf einem Baume, beschattet von seinen grünen Zweigen, und köstlicher Früchte die Fülle. Kurz, ich habe es so gut; du solltest es nur einmal sehen."

1. Den Dienst aufkündigen, dénoncer le service, donner congé, refuser de servir. — 2. Comme. — 3. Alors. — 4. Régit le génitif et se met le plus souvent après son complément.

„Kann wohl seyn,‘‘ versetzte der Maulwurf; „aber eben, weil ich’s nicht sehe, kümmert mich das nicht; und ich befinde mich, Gottlob! ganz wohl in meiner finstern Kluft bei meinen Erdwürmern.‘‘

„Aber komm doch einmal heraus aus deinem schmutzigen Loche, finsterer Murrkopf[1],‘‘ und nimm wenigstens mein Glück in Augenschein[2],‘‘ fuhr das Eichhörnchen fort.

Der Maulwurf ließ sich bereden und ging mit. Jetzt stand er unten am Baume, spähete mit seinen blöden Augen hinauf, sah die hohe Burg, fing an zu bewundern, und allmählig gelüstete ihn nach dem Zustande des Eichhörnchens. „Nun,‘‘ hub er an , „Freund, dein Glück reizt mich. Sag’an, wie kann ich meine Lage verbessern?‘‘ — „Ja, das weiß ich nicht,‘‘ war die Antwort. — „Du weißt es nicht? Kannst du denn nichts für mich thun?‘‘

„Nichts, guter Maulwurf, gar nichts,‘‘ gab das Eichhörnchen zum Bescheide. „Deine ganze Natur ist ja nicht für meine Lebensart : du kannst ja nicht einmal einen Baum erklimmen. Kurz, ich kann dir nicht helfen, armer Erdbewohner.‘‘

Traurig schlich sich der Maulwurf fort[4]; und aus war’s[5] nun mit seinem Wohlbefinden in seiner finsteren Kluft bei seinen Erdwürmern.

Gebrüder Grimm.

Les deux Grenadiers.

Nach Frankreich zogen[6] zwei Grenadier’,
Die waren in Rußland gefangen.
Und als sie kamen in’s deutsche Quartier[7]
Sie ließen die Köpfe hangen.

---

1. Grognon. — 2. In Augenschein nehmen, passer en revue, examiner. — 3. Hub... an, mieux hob an, prét. de anheben, commencer (à dire). — 4. Prét. de sich fortschleichen, s’esquiver. — 5. C’était fini, c’en était fait. 6. Prét. de ziehen, se rendre. — 7. En pays allemand.

Da hörten sie Beide die traurige Mähr'[1],
Daß Frankreich verloren gegangen,
Besiegt und zerschlagen das tapfere Heer, —
Und der Kaiser, der Kaiser gefangen!

Da weinten zusammen die Grenadier'
Wohl ob der kläglichen Kunde.
Der Eine sprach: „Wie weh wird mir,
Wie brennt meine alte Wunde!"

Der Andre sprach: „Das Lied ist aus[2];
Auch ich möcht'mit dir sterben;
Doch hab' ich Weib und Kind zu Haus,
Die ohne mich verderben "

„Was schert[3] mich Weib, was schert mich Kind,
Ich trage ein bess'res Verlangen;
Laß sie betteln gehn, wenn sie hungrig sind; —
Mein Kaiser, mein Kaiser gefangen!"

„Gewähr' mir, Bruder, eine Bitt':
Wenn ich jetzt sterben werde,
So nimm meine Leiche nach Frankreich mit,
Begrab' mich in Frankreichs Erde."

„Das Ehrenkreuz am rothen Band
Sollst du auf's Herz mir legen;
Die Flinte gib mir in die Hand
Und gürt' mir um den Degen."

„So will ich liegen und horchen still,
Wie eine Schildwach im Grabe,
Bis einst ich höre Kanonengebrüll
Und wiehernder Rosse Getrabe[4]."

1. Récit, nouvelle. — 2. Das Lied ist aus (gesungen), la chanson est finie, c'en est fait. — 3. Was schert mich, que m'importe. — 4. Das Getrabe, le piétinement.

„Dann reitet mein Kaiſer wohl über mein Grab,
Viel Schwerter klirren und blitzen;
Dann ſteig' ich gewaffnet hervor aus dem Grab', —
Den Kaiſer, den Kaiſer zu ſchützen.‟

Heine.

——

Le gros Lot.

Hans[1], ein armer Schuhflicker, war ehrlich und gutmüthig, zugleich aber auch leichtgläubig und ein wenig träge. Grete[2], ſeine Frau, war ihrem Manne ähnlich. Einſt, als die letzte Ziehung der großen Lotterie herannahete, träumte Hans, daß er, wenn er Nummer 777 nähme, das große Loos gewinnen würde. Am andern Morgen erzählte er ſeiner Frau den Traum, welchen er gehabt hatte. Da ſie ihm beiſtimmte, ſo ging er hin, um ein Loos kaufen zu können, bei ſeinem Nachbar auf ihr Häuschen das dazu erforderliche[3] Geld zu leihen. Tag und Nacht dachten nun Mann und Frau an den Gewinn und an den Gebrauch, den ſie davon machen wollten. Endlich kam der verhängnißvolle Tag. Hans ſtand in aller Frühe auf[4], legte ſeine beſten Kleider an, rief dann ſeine Frau und ſagte mit wichtiger Miene : „Grete, ich werde jetzt zum Rathhauſe hin-gehen, wo die Lotterie gezogen wird[5]. Stelle du alles im Hauſe zurecht[6] und gib acht, ob ich in einer Sänfte zurückkomme. Sobald du die ſiehſt, ſo zerſchlage nur alles im Hauſe und wirf, was du greifen kannſt, ja wirf das ganze Haus zum Fen-ſter hinaus!‟

Grete trug alles ſorgfältig zuſammen : alte und neue Taſſen,

——

1. Hans (diminutif de Johannes, Johann), Jeannot. — 2. Grete, diminutif de Margarethe, Marguerite. — 3. Nécessaire. — 4. Stand in aller Frühe auf, se leva au point du jour. — 5. Litt. : où la loterie est tirée, où l'on tire la loterie. — 6. Zurechtſtellen, tenir prêt.

große und kleine Gläser, Töpfe und Schüsseln, und wartete nun mit ängstlicher Neugier. Plötzlich entstand[1] ein Lärm auf der Straße : ein großer Volkshaufen um eine Sänfte drängte sich auf ihr Haus zu. „Er hat's!" rief sie, schlug alles in Stücke, selbst die Fenster. Dann lief sie hastig an die Thür und rief freudenvoll : „Hab' ich's so recht gemacht, liebes Hänschen?" — Indem blickte sie in die Sänfte. Hans saß darin leichenblaß und seufzte : „Ja' Grete, ich bringe — eine Niete[2]!"

Diesterweg.

Ruse d'un Aveugle.

Ein Blinder hatte fünfhundert Thaler, und da er sie in seinem Hause nicht sicher glaubte, so vergrub er sie zur Nachtszeit in einem Winkel seines Gartens. Allein unglücklicherweise hatte sein Nachbar etwas davon gemerkt und hatte kein Bedenken getragen[3], sich den Schatz zuzueignen. Als der Blinde wieder hinkam, um nachzusehen, war sein Geld fort, und ob er gleich vermuthete, wo es hingekommen sei, so konnte er doch auf einen bloßen Verdacht hin[4] den Nachbar nicht verklagen. Da kam er auf den Gedanken[5] durch List das Verlorene wiederzugewinnen. Wie fing er das nun an? Er ging zu seinem Nachbar und sprach : „Lieber Nachbar, ich habe Euch etwas anzuvertrauen; aber nur Euch kann ich es sagen, da ich eure Freundschaft kenne. Sind wir allein?" Der Nachbar versicherte, daß er ihm vollkommen vertrauen dürfe, denn in dem Zimmer sei sonst niemand gegenwärtig, und auf seine eigene Verschwiegenheit könne er sich verlassen. „Gut denn," fuhr der Blinde fort, „ich besitze tausend Thaler, und ich weiß schon seit langer Zeit nicht recht, was ich mit dem Gelde anfangen

---

1. Prét. de entstehen, naître, s'élever, se faire entendre.— 2. Le billet blanc. 3. Bedenken tragen, avoir un scrupule. — 4. Auf einen bloßen Verdacht hin, sur un simple soupçon. — 5. Auf den Gedanken kommen, avoir l'idée.

soll. Da habe ich denn vor acht Tagen die Hälfte an einem si=
chern Orte vergraben; aber es dünkt[1] mir doch zu gefärlich,
die andern fünfhundert Thaler auch dahinzulegen. Das Un=
glück könnte wollen, daß ein Unehrlicher es bemerkte, und ich
könnte um mein ganzes Vermögen kommen[2]. Was rathet Ihr
mir nun, lieber Nachbar?" — Der spitzbübische Nachbar
rieth ihm natürlicherweise, die andern fünfhundert Thaler
ebendahin zu verscharren, wohin er die ersten gethan hätte,
und lachte schon vor Freude, daß er auf diese Weise einen noch
bessern Fang thun würde. Damit aber der Blinde keinen Ver=
dacht schöpfen[3] könne, trug er in aller Geschwindigkeit die
ersten fünfhundert Thaler wieder an ihren Platz in den Gar=
ten, um am andern Tage das Doppelte stehlen zu können. Aber
der Blinde, als er seine List gelungen[4] sah und sein Geld
wieder in seiner Kiste hatte, ging hin zu dem treulosen Nach=
bar und sagte : „Gevatter, heute hat der Blinde besser gese=
hen als der mit zwei gesunden Augen. Ich will Euch verzeihen;
aber sehet zu[5], daß eure Habsucht Euch nicht vor Gericht und
ins Gefängniß bringt!"

Curtmann.

Le Prince riche.

Preisend mit viel schönen Reden
Ihrer Länder Werth und Zahl,
Saßen viele deutsche Fürsten
Einst zu Worms im Kaisersaal.

„Herrlich," sprach der Fürst von Sachsen,
„Ist mein Land und seine Macht :

1. On dirait tout aussi bien es dünkt mich, il me paraît.'— 2. Um etwas kommen, perdre quelque chose. — 3. Verdacht schöpfen, concevoir des soup-çons. — 4. Part. passé de gelingen, réussir. — 5. Zusehen, faire attention.

Silber hegen[1] seine Berge
    Wohl in manchem tiefen Schacht."

"Seht mein Land in üpp'ger Fülle!"
    Sprach der Churfürst[2] von dem Rhein:
"Goldne Saaten[3] in den Thälern,
    Auf den Bergen edler Wein."

"Große Städte, reiche Klöster,"
    Ludwig, Herr von Baiern, sprach,
"Schaffen[4], daß mein Land den euern
    Wohl nicht steht an Schätzen nach[5]."

Eberhard, der mit dem Barte,
    Würtembergs geliebter Herr,
Sprach: "Mein Land hat keine Städte,
    Trägt nicht Berge silberschwer[6];

Doch ein Kleinod hält's verborgen:
    Daß in Wäldern noch so groß[7]
Ich mein Haupt kann kühnlich legen
    Jedem Unterthan im Schoos[8]."

Und es rief der Herr von Sachsen,
    Der von Baiern, der vom Rhein:
"Graf im Bart, Ihr seid der reichste;
    Euer Land trägt Edelstein!

Kerner.

---

1. Hegen, renfermer, contenir. — 2. Électeur, küren, élire, Fürst, prince.
— 3. Semences, pour moissons. — 4. Font. — 5. Nachstehen an, litt.: se
tenir après en, le céder en. — 6. Poétique: pour silberschwere Berge, litt.:
des montagnes lourdes d'argent, riches en argent. — 7. Noch so groß, lit.:
encore (une fois) si grandes, quelque grandes qu'elles soient. — 8. En prose
on dirait, in den Schooß.

Les Biens solides.

Ein weiſer Mann ermahnte ſeine Kinder, doch ja[1] etwas Tüchtiges[2] zu lernen. „Denn,‟ ſagte er, „auf die Güter dieſer Welt, auf Reichthum, Macht und Gewalt, iſt nicht zu bauen[3]. Hoheit und Anſehen, welche du in deiner Vaterſtadt beſitzeſt, folgen dir außerhalb der Mauern nicht nach; Gold und Silber iſt auf Reiſen vielen Gefahren ausgeſetzt: ein Räuber kann es auf einmal wegnehmen, oder man kann es verzehren und ſonſt durchbringen[4]. Geſchicklichkeit hingegen iſt eine beſtändige und nie verſiegende Quelle. Wenn ein Künſtler, der etwas Tüchtiges gelernt hat, auch Hab' und Gut[5] verliert, ſo braucht er ſich deswegen nicht unmäßig zu betrüben: denn ſeine Kunſt, die ihm nicht abhanden kommen[6] kann, iſt ihm Reichthum genug. Außerdem wird ein kunſterfahrner und geſchickter Menſch, wo er nur hinkommt, geliebt, geehrt, andern vorgezogen und obenan geſetzt. Ein unwiſſender und ungeſchickter Menſch hingegen, der ſich auf nichs ernſtlich gelegt hat, wird ſeinen Fuß nirgends mit Vergnügen hinſetzen können; er wird betteln gehn und alles Ungemach erdulden müſſen. Es iſt ſchwer, erſt im Ueberfluſſe zu leben, und dann Noth und Mangel zu leiden; erſt hoch zu ſitzen, und ſich dann in Niedrigkeit verſpotten zu laſſen: das ſchmerzt, das thut weh. — Einſt entſtand zu Damaskus ein Aufruhr. Die Einwohner der Stadt wurden vertrieben und mußten, in die weite Welt zerſtreut, ihre Nahrung ſuchen. Die Kinder der Bauern und gemeinſten Leute, die etwas gelernt hatten, wurden in andern Gegenden zu königlichen

1. Ja sert à donner plus de force à l'expression et pourrait se rendre par : sans faute. — 2. Etwas Tüchtiges, quelque chose de bien; tüchtig, de taugen, valoir. — 3. Es iſt nicht zu bauen auf, litt. : il n'est pas à bâtir sur, on ne peut se lier à. — 4. Dissiper. — 5. Hab und Gut, litt. : avoir et bien; fortune. — 6. Abhanden kommen, lit. : aller loin des mains, se perdre.

Räthen befördert[1] und über Land und Leute gesetzt; die Kin=
der der Vornehmen und ehemaligen Räthe hingegen, die sich
blos auf das Geld ihrer Väter verlassen[2] hatten, mußten in den
umherliegenden Dörfern betteln gehn. Willst du[3] das Erbtheil
deines Vaters genießen, so mußt du dich nicht weigern, deines
Vaters Weisheit und Geschicklichkeit zu erwerben; sonst kannst
du dein väterliches Erbe wohl in zehn Tagen durchbringen."

Schubart.

Mort de Saladin.

Am vierten März 1193 starb Saladin im sieben und fünf=
zigsten Jahre seines Alters an einem heftigen Fieber. „Nimm
dies Kleid," sprach er auf dem Krankenlager zu seinem Fah=
nenträger, „zeige es als Todtenfahne, und verkünde, daß der
Beherrscher des ganzen Morgenlandes nichts mit sich zu nehmen
vermag; nur ein einziges Kleid begleitet ihn in das Grab."
Auch hinterließ Saladin weder Haus, noch Garten, noch Land=
gut, und überhaupt kein Eigenthum, ausgenommen sieben und
vierzig Silberlinge und ein tyrisches Goldstück. Zu seinem
Sohne Afdal sagte Saladin beim Abschiede : „Verehre das
höchste Wesen, und befolge seine Gebote, denn es ist die Wur=
zel aller Güter, und in ihm ruht alles Heil. Vergieße kein Blut,
denn es schläft nicht, sondern kommt auf dein Haupt. Erhalte
die Herzen deiner Unterthanen durch Liebe und Sorgsamkeit,
denn sie sind dir von Gott durch mich übergeben. Begünstige
die Edeln, denn nur durch Milde bin ich zu irdischer Größe
gelangt. Beleidige niemand, denn erst nach geübter Rache[4] pfle=
gen sich die Menschen wieder zu versöhnen. Hasse niemand, denn

1. Befördert, promu, de befördern, faire avancer ; formé de vor, avant. —
2. Sich verlassen auf, se fier à. — 3. Si tu veux.
4. Nach geübter Rache, litt. : après la vengeance exercée, après s'être
vengé.

allen steht der gleiche Tod bevor. Hast du gegen Gott gefehlt,
so sei reuig : er ist barmherzig!"

Raumer.

—

La Fête de famille.

Der Vater ging auf die Jagd in den Wald;
Ein gutes Wild ersah[1] er sich bald.
Er legte wohl an[2], er drückte los[3].
Der Dammhirsch fiel auf das weiche Moos.
Die Brüder luden zu Schlitten[4] den Fang
Und schleiften ihn heim und jubelten lang.
Die Töchter schnell hatten das Feuer geschürt;
Sie rupften und sengten ihn, wie sich gebührt.
Die Mutter briet und schmort[5] ihn gleich :
Der Braten war köstlich und schmackhaft und weich.
Geschäftig trugen die Schwestern ihn auf;
Es kamen die fröhlichen Gäste zu Hauf[6].
Sie setzten zu Tisch sich und saßen fest,
Und thaten sich gütlich[7] beim waidlichen Fest.
Sie schmausten den Dammhirsch in guter Ruh
Und tranken drei Fässer Bieres dazu.

Chamisso.

—

Le Loup et le Ménétrier.

Der Wolf ist jetzt immer mehr von uns weg auf die polni-
schen und russischen Wälder verwiesen[8], wo er noch in ganzen
Schaaren umherläuft und öfters in großer Menge die Schlit-

1. Ersehen, choisir. — 2. Anlegen, mettre en joue. — 3. Losdrücken,
faire feu. — 4. Luden (de laden) zu Schlitten, chargèrent sur un traîneau.
5. Schmoren, braiser. — 6. Zu Hauf, en grand nombre. — 7. Sich gütlich
thun, litt : se faire du bien, se régaler.
8. Part. passé de verweisen, reléguer.

ten und Wagen anfällt, die durch seine Wälder fahren, dann die Pferde, und, wenn es ihm gelingt, auch die Menschen würgt und frißt.

Vor nicht so gar langer Zeit [1] gab es auch noch in unsern deutschen Wäldern viele Wölfe, und mancher Bauer weiß noch die Geschichte von jenem Geiger in der Wolfsgrube so gut als ob sie gestern geschehen, obgleich sie ihm schon sein Graßvater erzählt hat. Das Männlein ging ohnehin nicht gern [2] auf dem geraden Wege, und kam daher auch in dem dichten Forste, durch den es mußte [3], bald so weit zur Seite ab, daß es am Ende in eine Grube fiel welche der Jäger zum Wolfsfange [4] gegraben hatte. Der Schreck war schon groß genug für den armen Geiger, da er so ohne weiteres [5] von der obern Erde hinunter in die Tiefe fuhr, wurde aber noch größer, als er unten auf etwas Lebendiges fiel, welches wild aufsprang; und da merkte er daß es ein Wolf sei, der ihn da mit glühenden Augen ansah. Der Mann hatte nichts in seiner Hand, als seine Geige, und in der Angst fängt er an, da vor dem geöff= neten Wolfsrachen alle seine Stücklein aufzugeigen [6], die ihm aber diesmal selber gar nicht lustig vorkamen. Dem Wolf aber mußte diese Musik ganz besonders schön und rührend vorkom= men : denn das dumme Vieh fing an überlaut zu heulen, was wohl, wie bei unsern musikalischen Hunden, wenn sie Sang und Klang hören, gesungen heißen sollte [7]. Die anderen Wölfe draußen im Walde, da sie ihren Kameraden in der Grube so singen hörten, stimmten auch mit ein, und ihr Ge= heul kam manchmal so nahe, daß das Geigerlein, an welchem

<hr>

1. Litt.: avant un temps pas si long; il n'y a pas longtemps. — 2. Ging nicht gern, litt. : n'allait pas volontiers, n'aimait pas suivre. — 3. Durch den es mußte, litt. : à travers lequel il fallait, qu'il fallait traverser. — 4. Pour prendre des loups. — 5. Ohne weiteres, sans plus de façon. — 6. Aufgeigen, jouer successivement. — 7. Was gesungen heißen sollte, ce qui devait s'appeler chanter.

kaum ein einziger Wolf satt geworden wäre, geschweige zwei,
jeden Augenblick fürchten mußte, es käme noch ein anderer,
auch wohl noch ein dritter und vierter Gast zu seinem Bißchen
Fleisch in die Grube herein. Unser Kapellmeister in der Wüste
guckte indeß einmal über's andere[1] in die Höhe, ob's noch nicht
Tag werden wollte: denn das Geigen war ihm sein Lebtag
noch nicht so lang geworden und so ganz sauer und elend vor-
gekommen, als da vor dem Wolfe; und er hätte lieber Holz
dafür hacken wollen, zwanzig Jahre lang alle Wochentage. Ehe
aber der Morgen kam, waren schon zwei Saiten an seiner
Geige gerissen, und da es Tag wurde, riß die dritte, und der
Geiger spielte nun bloß noch auf der vierten und letzten; und
wäre diese auch noch gerissen, so hätte ihm der Wolf, der durch
das viele Heulen[2] die ganze Nacht hindurch nur noch hun-
griger geworden war, keine Zeit mehr gelassen zum Wiederauf-
ziehen[3], sondern hätte ihn dabei aufgefressen. Da kam zum
Glück der alte Jobst, der Jäger, der den Wolf von weitem
singen, den Geiger aber in der Nähe geigen hörte. Dieser zog
den Kapellmeister gerade noch zur rechten Zeit von dem hung-
rigen Wolfe heraus und erlegte dann diesen. Der Kapellmeister
ging aber ganz still seines Weges und nahm sich vor[4], künftig
lieber am Tage und auf geradem Wege nach Hause zu gehen.
Das Geigen im Wirthshaus war ihm auch so ganz verleidet[5],
daß er zu seinen Kameraden sagte, er wolle sich lieber mit der
Nähnadel (denn er war ein Schneider) sein tägliches Brod ver-
dinen; und wenn er einmal eins[6] auf Saiten aufspielen wollte,
so thäte er's lieber[7] in der Kirche, denn von dort sei ein ge-

1. Einmal über's andere, litt. : une fois sur l'autre, coup sur coup. —
2. Durch das viele Heulen, à force de hurler. — 3. Littér. : pour le re-
montage, pour remonter les cordes. — 4. Se promit, prét. de sich vornehmen, se proposer. — 5. Das Geigen war ihm verleidet, il s'était dé-
gouté de jouer du violon. — 6. Un morceau (de musique). — 7. Er thäte
es lieber, il aimerait mieux le faire.

raber und sicherer Weg nach Hause, sei auch nicht so weit da=
hin, als vom Wirthshause.

Schubart.

—

La Cerise productive.

In Roberts niedlichem Gärtchen stand
Ein Bäumchen, gepflanzt von seiner Hand.
Am lieblichen Bäumlein im ersten Jahr
Ein einziges Kirschlein zu sehen war;
Doch glänzte das Kirschlein so roth wie Glut,
Und schien von Geschmack gar süß und gut.

Und Robert mit lächelndem Angesicht
Die röthliche Kirsche vom Bäumlein bricht,
Und eilt mit der Kirsche dem Vater zu:
„Da, bester der Väter, da, nimm sie du!"
Der Vater, sich weigernd, die Kirsche nimmt;
Sein freundliches Auge in Thränen schwimmt.

Die Kirsche seit Jahren vergessen schien;
Da wandelte Robert zum Garten hin.
Im prächtigen Garten, auf weitem Raum,
Erhebt sich ein prangender Kirschenbaum;
Und zwischen der schattigen Blätter Grün
Wohl tausend der herrlichsten Kirschen blühn.

Der Vater den Knaben nun sanft umschließt
Und freundlich ihm Wangen und Lippen küßt:
„Sieh, Robert, so spricht er, der Baum ist dein:
Ihn trug jener einzige Kirschenstein."
Auf dem, was ein Kind seinen Eltern thut,
Der reichlichste Segen des Himmels ruht.

Schmid.

Promenade d'un Philosophe arabe.

Am Hofe des Kalifen Musa Al=Hadi lebte ein Greis mit Namen Al=Raschid, ein Mann, an welchem die kleinen Geschöpfchen von Höflingen ihren Witz übten, den die Damen ungern litten[1], und der in sechs und siebenzig Jahren vierzehnmal aus dem Antlitz seines Beherrschers war verbannt worden, weil er immer eine unangenehme Wahrheit auf der Lippe trug. Er lächelte seiner Verbannung, denn im Garten der Natur war er in der besten Gesellschaft, und der Hof berief ihn vierzehnmal zurück, weil man sah, daß er den Hof entbehren[2] konnte.

In einer von jenen Strafepochen, da er in der Einsamkeit dem Pfade der Weisheit nachspürte, gelang es ihm die Sprache der Thiere zu ergründen, und von diesem Augenblick an[3] war es sein liebstes Vergnügen, die mancherlei Gattungen der Thiere zu belauschen[4]. Er fand, daß sie oft vernünftiger plauderten als die Kammerjunker.

Eines Tages bemerkte er auf den Blättern eines Busches eine Kolonie jener Insekten, Ephemeren genannt, welchen der Schöpfer das Ziel ihres Daseins neben die Stunde ihrer Geburt steckte, denn sie werden geboren und sterben in einem Tage. Al=Raschid näherte sich lauschend einem Trupp dieses kleinen Gewürms, und bemerkte, daß sie heftig unter einander stritten; da sie aber alle zugleich sprachen, so dauerte es lange, ehe er den Gegenstand ihres Streites erlauerte.[5]. Endlich, nachdem sich der größte Schreier unter dem Haufen müde[6] geschrieen, hörte er, daß die Rede von zwei fremden, nur eben angekommenen Virtuosen sei, einer Hummel und einer Mücke,

1. Ungern leiden, ne pas aimer. — 2. Entbehren, se passer de. — 3. Von... an, à partir de. — 4. Belauschen, épier, écouter (ce que disaient les...). 5. Erlauern, surprendre. — 6. Sich müde schreien, se fatiguer à force de crier.

über deren Vorzüge die Stimmen der Ephemeren sehr getheilt waren. Die Eine behauptete, die Hummel singe den besten Baß, den man je im Reiche der Insekten gehört; die Andere vertheidigte den einnehmenden Diskant der Mücke. „Glückliches Volk!" rief Al-Raschid, „das trotz der wenigen Stunden die es zu leben hat, sich doch am Hummelbaß und Mückendiscant zu ergötzen vermag." Lächelnd wandte er sein Ohr zu einem Greise der Ephemeren, der allein auf einem Blatte saß und folgendes Selbstgespräch [1] hielt : „Die berühmtesten Weisen meines Volkes, die viele Stunden vor mir gelebt haben, behaupteten schon, daß diese Welt nicht länger als achtzehn Stunden dauern könne, und mich dünkt, sie hatten Recht. Denn wenn ich bedenke, wie sehr zu meiner Zeit das große Sonnenlicht, aus dem die Natur ihr Leben schöpft, sich gegen das Meer geneigt hat, welches diesen Erdball begrenzt, so kann ich nicht anders vermuthen, als daß [2] es seinen Lauf dort endigen, seine Fackel in den Fluthen auslöschen, und so die Erde in ewige Finsterniß hinabstoßen wird, welche natürlich eine allgemeine Bestürzung hervorbringen muß. Ich habe von diesen achtzehn Stunden sieben durchlebt, es sind vier hundert und zwanzig Minuten. Ein hohes Alter! Wie wenige unter uns erreichen diese Zeit! Ich habe ganze Generationen entstehen, blühen und verschwinden sehen. Meine jetzigen Freunde sind die Kinder und Großkinder der Freunde meiner Jugendstunden, die mir schon lange vorhergegangen sind, und ach! nur zu bald werde ich ihnen folgen. Zwar befinde ich mich bei meinem hohen Alter, Gott sei Dank! noch ziemlich wohl, doch kann ich nach dem gewöhnlichen Lauf der Natur auf nicht mehr als höchstens noch acht Minuten rechnen. Was helfen [3] mir nun alle meine Mühe und Arbeit? Was hilft es mir, daß ich unter tausend Sorgen einen Vorrath von sü-

---

1. Selbstgespräch, monologue. — 2. Als daß, si ce n'est que. — 3. Was helfen mir, à quoi me servent...

ßem Thee auf diesem Blatte gesammelt, welchen das heran=
nahende Ende meiner Tage mir nicht zu verzehren gestattet.
Umsonst habe ich mich oft für mein Volk ins Schlachtgetümmel
gewagt; umsonst habe ich, fern vom Geräusch der Welt, diese
Kolonie durch weise Gesetze zu bilden gesucht! Zwar meine
Freunde schmeicheln mir, daß ich einen größen Namen nach=
lasse [1]; aber wo bleibt mein Nachruhm, wenn am Ende der
achtzehn Stunden die Sonne verlischt [2], und die Welt in ewi=
ges Nichts zurückkehrt? Ja, wenn ich auf einen dauernden
Ruhm von dreißig bis vierzig Stunden rechnen könnte!" —

Al=Raschid lächelte und erschrak gleich darauf, daß er ge=
lächelt hatte; denn Stunden oder Jahre — läuft das nicht am
Ende auf eins hinaus [3].

Kotzebue.

—

L'Amour filial.

In China lag beim Sternenlichte
Ein Jüngling (Dank sei der Geschichte
Für seinen Namen!), Holien
Lag müd' auf seiner Binsenmatte,
Und sah, vom Räuber ungeseh'n,
Der sein Gemach erstiegen hatte,
Wie hurtig er, was ihm gefiel,
In seinen weiten Schnappsack [4] steckte.
Er regt sich nicht auf seinem Pfühl [5]
Und blinzt' die Augen zu [6]. Nun streckte
Der Gaudieb die versuchte [7] Hand
Nach einem Topf von Ziegelerde,
Der leer in einem Winkel stand.

1. Nachlassen, laisser derrière soi. — 2. Ind. prés., 3e pers. de verlö=
schen, s'éteindre. — 3. Auf eins hinauslaufen, revenir au même.
4. Schnappsack, la besace. — 5. Der Pfühl, le coussin. — 6. Zublinzen,
fermer en clignant, tenir les yeux clignés, faire semblant de dormir. —
7. Die versuchte Hand, la main tentée, criminelle.

„Laß," rief mit flehender Geberde
Jetzt Polien, „laß, armer Mann,
Mir diesen Topf, damit ich morgen
Für meine Mutter kochen kann!"
Der Räuber bebt." Schlaf ohne Sorgen!
Solch' einen Sohn besteht' ich nicht!"
Lallt er [1], legt all' die Beute nieder
Und wischt sich Thränen vom Gesicht.
Seit diesem Tag stahl er nicht wieder.

Pfeffel.

Le Pacte d'amitié.

Ein Rabe, den die Vögel für einen Weisen hielten, saß auf einem Baume des Waldes. Da kam der Vogelsteller, setzte sein Netz, streuete seine Körner hinein, und ging wieder fort; aber der Rabe fürchtete sich vor [2] dem Netze und versteckte sich in das dichte Laub. Bald darauf kam ein Schwarm wilder Tauben; sie sahen das schöne Gerstenfutter [3], setzten sich alle und fraßen. Aber das Netz fiel zu; sie waren gefangen und flatterten [4] darin umher. Da sprach die Führerin des Schwarmes: „Uns hilft nicht, also hin und her zu flattern; laßt uns aber versuchen, alle auf einmal in die Höhe zu fliegen, vielleicht vermögen wir's [5] das Netz mitzunehmen." Sie flogen nun alle zugleich in die Höhe, und nahmen das Netz mit sich. Der Rabe aber hatte Alles mit angesehen [6], wie Einigkeit sie stark machte, und er flog in der Ferne nach.

Und die Tauben hatten sich wieder gesetzt, in einem Frucht-felde, in der Nähe eines Baumes, und berathschlagten, wie

1. Balbutia-t-il, dit-il en balbutiant. Dans les propositions intercalées le sujet se rejette après le verbe.
2. Sich fürchten vor, avoir peur de. — 3. Das Gerstenfutter, la nourri-ture, la pâture d'orge, l'orge. — 4. Flattern, voleter, se débattre. — 5. Es est expliqué par ce qui suit et ne se traduit pas. — 6. Hatte alles mit angesehen, avait tout vu.

sie aus dem Netze herauskommen möchten. Da sprach eine von dem Schwarme : „Ich habe ohnlängst [1] Freundschaft geschlossen mit einer Maus, die hier in der Nähe wohnt. Soll ich sie rufen, daß sie das Netz zernage?" Und sie rief die Maus, die kam aus ihrer Höhle heraus und zernagte die Schnüre; die Tauben flogen fröhlich davon, und dankten der Maus für ihre Befreiung.

Der Rabe, der dies alles mit angesehen hatte, dachte bei sich, ein treuer Freund sei doch ein großes Gut. Er setzte sich deßhalb in die Nähe des Mauselochs und rief die Maus, weil er Freundschaft mit ihr schließen [2] wollte. Als aber die Maus herauskam und den Raben erkannte, floh sie schnell wieder in ihr Löchlein; aber der Rabe rief sie wieder und sagte : „Warum fliehest du mich? Willst du nicht meine Freundin werden?" Und die Maus antwortete : „Nein, das geht nimmermehr an [3]; denn in kurzer Zeit würde deine angeborne Lust nach meinem Fleische dich unsre Freundschaft vergessen lassen, und du würdest mich, wie jede andere Maus, auffressen." Dies redete ihr aber der Rabe aus [4], und sie lebten beisammen ohne Mißtrauen und waren zufrieden. Nur sehnte sich [5] der Rabe nach seinem ersten Aufenthalte, denn er fürchtete sich hier vor den vorübergehenden Jägern. Darum sagte er eines Abends zu der Maus, wenn sie nichts dawider habe [6], so wollten sie wegziehen von diesem Orte, weil er da nicht verborgen genug sei, er wollte sie an einen viel heimlichern Ort bringen, wo er auch eine treue Freundin habe, die Schildkröte, bei der sie künftig wohnen wollten. Die Maus war mit dem Vorschlage zufrieden [7], denn auch ihr war es unheimlich [8] da, weil eine Katze oft iu

---

1. Pour unlängst. récemment.—2. Freundschaft schließen, contracter amitié. — 3. Cela n'ira jamais, cela n'est possible. — 4. Ausreden, ôter une idée, une crainte. — 5. Sich sehnen nach, soupirer après. — 6. Nichts dawider haben, ne pas s'opposer à, consentir à. — 7. War zufrieden mit, accepta. — 8. Es ist mir unheimlich, je ne suis pas trop rassuré.

das Feld kam und ihr heimlich nachstellte [1]. Der Rabe faßte sie also mit dem Schnabel bei ihrem Schwänzlein, trug sie durch die Lüfte, setzte sie unter seinem Baume nieder und rief die Schildkröte, seine Freundin. Aber die Schildkröte kam heraus aus ihrem Teiche, und freuete sich, daß ihr Nachbar wieder da war, und eine neue Freundin, die Maus, mitgebracht hatte. Und die Maus grub ein Löchlein, und alle drei lebten beisammen in Frieden und Eintracht.

Als sie nun eines Tages so beisammen saßen und miteinander plauderten von der Welt Lauf, da kam eilends ein Hirsch gelaufen; er blieb am Teiche stehen und sah sich um. Da floh die Schildkröte in das Wasser und tauchte unter, und die Maus verkroch sich in ihr Löchlein, aber der Rabe schwang seine Flügel und flog in die Höhe, zu sehen, ob der Jäger den Hirsch verfolge. Er sah aber nichts, kam herunter und sprach zum Hirsche : „Sei ohne Furcht! Hier ist keine Gefahr : noch kein Jäger ist in diese Gegend des Waldes gekommen. Wenn es dir gefällt, so kannst du hier wohnen : um den See wächst schönes Futter, und sein Wasser ist frisch zum Trunke.“ Und als er dies gesagt hatte, rief er die Maus und die Schildkröte; und sie kamen hervor und redeten dem Hirsche auch zu, daß er bleiben sollte. Aber der Hirsch sah umher : das Gras war schön, das Wasser frisch, und der Ort sicher vor Nachstellung [2], er machte sich also eine Lagerstätte von Moos, wohnte bei ihnen, und sie hielten treue Gemeinschaft mit einander.

Eines Abends war der Hirsch nicht heimgekommen [3]. Da ward seinen Freunden bange [4], es möchte ihm ein Unglück widerfahren sein [5]. Und der Rabe flog aus auf Kundschaft und sah seinen Freund liegen, gefangen in einem Netze; und er flog

1. Nachstellen, poursuivre. — 2. Sicher vor Nachstellung, à l'abri des piéges. — 3. l'art. passé de heimkommen, rentrer (à la maison). — 4. Es wird mir bange, j'ai peur. — 5. Qu'il ne lui fût arrivé quelque malheur.

zurück, brachte seinen Genossen die Nachricht, und berathschlagte
sich mit ihnen, wie man den Hirsch befreien möchte. Da sprach
die Maus zu ihm : „Nimm mich, und trage mich schnell hin,
daß ich ihm das Netz zernage." Und der Rabe trug sie schnell hin,
und sie nagte an dem Netze. Indem kam auch die Schildkröte
daher, und der Rabe und die Maus schalten[1], daß sie gekommen
war. „Wohin, sagte der Rabe, willst du denn fliehen, wenn der
Jäger kommt? Ich fliege fort, der Hirsch läuft weg, die Maus
verkriecht sich; was willst du aber machen? Dein Gang ist lang=
sam, du kannst dich nicht retten; und ich bin auch nicht stark ge=
nug dich zu tragen."

Indem der Rabe noch so redete, kam der Jäger schon ge=
gangen[2], zu sehen, ob er etwas in seinem Netze gefangen habe;
und als er den Hirsch darin sah, freuete er sich. Aber ehe er
noch hinkam, war das Netz schon zernagt, der Hirsch sprang
in's Dickicht, der Rabe flog davon, die Maus verkroch sich;
aber die Schildkröte stand und zitterte an allen Gliedern. Der
Jäger ärgerte sich daß ihm die schöne Beute entgangen war;
um aber doch nicht ganz leer nach Hause zu kommen, nahm er
die Schildkröte, wickelte sie in das zernagte Netz und ging weg.
Doch die Maus hatte diesem allem zugesehen; sie rief ihre
Freunde zusammen und berathschlagte mit ihnen, wie man die
Schildkröte befreien könnte. Da schlug[3] der Rabe vor, der
Hirsch sollte sich, wie todt, an den Weg legen, wo der Jäger
vorbeikommen mußte, und er wollte auf ihn sitzen, als ob es
ein Aas wäre, von dem er fräße. Wenn das der Jäger sähe,
so würde er gewiß sein Netz niederlegen und hinzugehen; dann
sollte der Hirsch aufspringen und langsam hin= und hergehen[4],

---

1, Prét. de schelten, gronder. — 2. Kam gegangen, arriva, survint (à
pied). Le part. passé qui accompagne le verbe kommen, venir, indique
la manière dont quelqu'un vient. — 3. Prét. de vorschlagen, proposer.
— 4. Hin und hergehen, aller çà et là.

als hätte er ein Gebrechen am Fuße. So sollte er den Jäger immer mehr reizen, ihn nahe an sich kommen lassen, bis die Maus unterdessen das Netz zernagt und die Schildkröte sich im Walde verkrochen habe. Dann wollten sie auf einmal alle davoneilen[1].

Und wie sie es beschlossen hatten, so thaten sie auch. Der Jäger warf sogleich die Schildkröte hin und eilte dem Hirsche nach; als aber die Schildkröte und das Mäuslein in Sicherheit waren, da sprang der Hirsch auf einmal davon, eilte schneller als der Jäger sich's versah[2] ihm aus den Augen, und kam mit seinem Genossen glücklich wieder bei ihrer Wohnung an. Und sie freueten sich alle, daß sie durch ihre Freundschaft einander gerettet hatten.

Brüder Grimm.

Le vrai Bonheur.

Umringt von Sardis wundervollen Schätzen
Auf Asiens höchstem, üppigstolzem Thron,
Sprach Crösus[3], sich an fremdem Lob zu letzen[4],
Behaglich kühn zu Hellas' weisem Sohn :

„Man nennt mit Recht, o Solon, dich den Weisen.
Blick auf zu meinem Thron : ich frage dich.
Du sahst die weite Welt auf deinen Reisen;
Wen nennst du der Beglückten höchsten[5]? Sprich."

Und Solon sprach : „Es lebte zu Athen
Ein Mann der Tellus hieß : ihm ward beschieden[6],

---

1. Partir à la hâte. — 2. Als der Jäger sich's versah, que le chasseur ne s'y attendait.
3. Crésus, roi de Lydia, renommé pour ses richesses. — 4. Sich letzen, se régaler. jouir de. — 5. Der Beglückten höchsten, pour den höchsten der Beglückten, le plus heureux entre les heureux. — 6. Beschieden, donné.

Zu schöner Zeit, durch Wohlfahrt und durch Frieden
Die liebe Vaterstadt beglückt zu seh'n.

Drei wackre Söhne wurden ihm geboren;
Sie haben rühmlich, so wie er, gestrebt;
Auch seine Enkel hat er noch erlebt[1],
Und nichts Geliebtes hat er je verloren.

Und als Athen begann den Herrscherkrieg,
Da zog er aus, stritt und erstritt den Sieg,
Und siegend ward es ihm gegönnt zu fallen.
Den rühm' ich dir den Glücklichsten von allen.'' —

Und Cröfus[2] drauf mit ernstem Herrscherblick:
,,Doch wen, nach deinem Landsmann, kluger Grieche,
Nennst du den zweiten, der gekrönt vom Glück,
Sich jenem Tellus billig wohl vergliche?''

So frägt[3] er, denn er hat der Rede Sinn,
Bethört von eitler Selbstsucht, nicht verstanden.
,,Zwei Jünglingen in der Argiver Landen,''
Erwiedert Solon, ,,ward der Hochgewinn:

Der Mutter Wagen zogen einst die Brüder
Bei Here's[4] Fest, mit kindlichem Bemüh'n,
Zum weit enleg'nen Tempel treulich hin,
Und sanken matt[5] an dessen Stufen nieder.

Da wendete die Mutter sich zu Here
Und flehte, daß ihr waltendes Gebot[6]
Den Guten das Beglückendste gewähre.
Die Göttin gab's: Die Söhne waren todt.

---

1. Erleben, voir (assez vivre pour voir). — 2. Sous-entendu spricht, dit. — 3. Le verbe fragen a perdu aujourd'hui l'inflexion au présent de l'indicatif. Denn.... car.... — 4. Here, du grec Ἥρα, Junon. — 5. Épuisés de fatigues. — 6. Son ordre souverain; walten, régner.

Noch lebt der Götterspruch in Hellas fort,
Und weise deutet ihn des Dichters Wort :
Ihr Geist und ihr Geschick sind nicht zu trennen ;
Sie sind die wahrhaft Glücklichen zu nennen.‘‘

Da wendet sich des Fürsten Angesicht,
Und seine Stirne kräuselt sich in Falten :
,,Wie,‘‘ spricht er zu sich selbst, ,,den Knaben nicht,
Nicht jenem Bürger will er gleich mich halten?

Und auf die Pracht, die ihn umblühte, deutend :
,,So sind dir,‘‘ rief er, ,,diese Schätze nichts,
Nichts diese Strahlen, Glanz und Glück verbreitend,
Ein irdisch Bild des hehren Himmelslichts?‘‘

Und Solon lächelte und sprach : ,,Genieße,
Erhab’ner Fürst, der Fülle, die dir ward[1] !
Genieße doppelt, wenn du gibst! Doch wisse :
Der Menschen Glück ist wie der Menschen Art.

Dem Geiste wird das Dauernde gegeben ;
Vergänglich ist und täuschend die Gestalt ;
Ein zartes Schattenbild[2] ist dieses Leben,
Leicht löschbar auf des Todes Grund gemalt.

Nur reine Thaten sind die ew’gen Farben :
Sie blüh’n erst[3] auf, wann längst die andern starben.
D’rum wirke, daß dein Bild sich schön vollende,
Und keinen preise selig[4] — vor dem Ende!‘‘
Feuchtersleben.

------

1. Werden avec le datif de la personne signifie : échoir en partage.—
2. Das Schattenbild, la silhouette, l’image fugitive. — 3. Erst, seulement. — 4. Selig preisen, estimer heureux. — Pour les règles de la versi-
fication allemande, on peut consulter l’excellent Traité de M. Adler Mesnard.

Tremblement de terre de Lisbonne.

Der Augenblick, in dem dieser Schlag[1] geschah, scheint am richtigsten auf 9 Uhr 50 Minuten Vormittags zu Lissabon bestimmt zu sein. Diese Zeit stimmt genau mit derjenigen, in welcher es in Madrid wahrgenommen worden, nämlich 10 Uhr 17 bis 18 Minuten überein[2], wenn man den Unterschied der Länge beider Städte in den Unterschied der Zeit verwandelt. Zu derselben Zeit wurden die Gewässer in einem erstaunlichen Umfange, sowohl diejenigen, die mit dem Weltmeere eine sichtbare Gemeinschaft haben, als auch andere, welche darin auf eine verborgene Art stehen mögen[3], in Erschütterung gesetzt. Von Abo in Finnland an[4] bis in den Archipelagus[5] von Westindien sind wenig oder gar keine Küsten davon frei geblieben. Sie hat eine Strecke von 1500 Meilen fast in eben derselben Zeit beherrscht. Wenn man versichert wäre, daß die Zeit, da sie zu Glückstadt an der Elbe verspürt worden, nach den öffentlichen Nachrichten ganz genau auf 11 Uhr 30 Minuten zu setzen wäre, so würde man daraus schließen, daß die Wasserbewegung 15 Minuten zugebracht[6] habe, von Lissabon bis an die holsteinischen Küsten zu gelangen. In eben dieser Zeit wurde sie auch an allen Küsten des mittelländischen Meeres verspürt.

Die Gewässer, die auf dem festen Lande von aller Gemeinschaft mit dem Meere abgeschnitten zu seyn scheinen, die Brunnquellen, die Seen, wurden in vielen weit von einander entlegenen[7] Ländern zu gleicher Zeit in außerordentliche Regung versetzt. Die meisten Seen in der Schweiz, der See bei

1. Secousse. —2. Stimmt.... überein, de übereinstimmen, concorder. — 2. Welche in Gemeinschaft stehen mögen, qui peuvent être en rapport. — 4. Von.... an, depuis. — 5. Le véritable terme allemand pour Archipelagus, archipel, est Inselmeer. — 6. Daß.... zugebracht habe, qu'il a fallu.... à. — 7. Weit von einander entlegenen, situés bien loin les uns des autres.

Templin in der Mark[1], einige Seen in Norwegen und Schwe=
den, geriethen in eine wallende Bewegung[2], die weit ungestü=
mer und unordentlicher war, als bei einem Sturme, und
die Luft war zugleich stille. Der See bei Neufchatel, wenn
man sich auf die Nachrichten verlassen[3] darf, verlief sich in
verborgene Klüfte, und der bei Meiningen that dieses gleich=
falls, kam aber bald wieder zurück. In eben diesen Minuten
blieb[4] das mineralische Wasser zu Töplitz plötzlich aus, und
kam blutroth wieder. Die Gewalt, womit das Wasser hin=
durch getrieben war, hatte seine alten Gänge erweitert, und
es bekam dadurch einen stärkern Zufluß. Im Königreiche Fetz,
in Afrika, spaltete eine unterirdische Gewalt einen Berg, und
goß blutrothe Ströme aus seinem Schlunde. Bei Angouleme,
in Frankreich, hörte man ein unterirdisches Getöse; es öffnete
sich eine tiefe Gruft auf der Ebene, und hielt unergründliches
Wasser in sich. Alles dieses geschah in denselben Minuten, da
das Erdbeben die Küsten von Portugal verheerte. Es wurden
auch in eben diesem kurzen Zeitpunkte einige Erderschütterun=
gen in weit entlegenen Ländern wahrgenommen[5]. Allein sie
geschahen fast alle dicht an der Seeküste. Zu Kork in Irland,
ingleichen zu Glückstadt[6] und an einigen andern Orten, die
am Meere lagen, geschahen leichte Bebungen. Mailand ist
vielleicht derjenige Ort, der noch in der weitesten Entfernung
von dem Seeufer an eben demselben Tag erschüttert ward.
Eben diesen Vormittag um 8 Uhr tobte der Vesuv bei Neapel,
und ward still gegen die Zeit, da die Erschütterung in Portu=
gal geschah.

Kant.

---

1. Dans la Marche de Brandebourg. — 2. Wallende Bewegung, mouve-
ment d'ébullition. — 3. Sich verlassen auf, se fier à, ajouter foi à. —
4. Ausbleiben, ne pas venir, ici : cesser de couler. — 5. Part. passé de
wahrnehmen, remarquer. — 6. Dans le duché de Holstein.

Guillaume Tell.

„Nein, vor dem aufgesteckten [1] Hut,
  Du Mörderangesicht [2],
Bückt sich kein Mann von Heldenmuth,
  Bückt Wilhelm Tell sich nicht!
Knirsch [3] immer, du Tyrannenzahn!
  Wer frei ist, bleibet frei;
Und wenn er sonst nichts haben kann,
  Hat er doch Muth und Treu!"
Der Landvogt voll von Rache schnaubt [4],
  Und ruft : „Tell schieß dorthin,
Dem Sohn den Apfel weg [5] vom Haupt [6];
  Sonst würg' ich dich und ihn!"
Tell hört's, und flehet den Tyrann :
  „Hier bin ich, tödte mich!"
Umsonst. Er sieht den Knaben an
  Und weinet bitterlich;
Drückt an die Brust ihn (welch ein Schmerz!)
  Und lispelt ihm [7] : „Steh still
Und weise, wie dein Vater, Herz [8].
  Ich treff' dich nicht. Steh still!"
Und führt ihn sanft an einen Baum,
  Legt ihm den Apfel auf [9],
Und eilt den angewies'nen Raum
  Zurück in bangem Lauf;
Nimmt eilends Pfeil und Bogen; spannt;
  Blickt scharf; fest steht der Knab'.

1. Planté sur une perche. — 2. Litt. : face d'assassin. — 3. Knirschen,
grincer (des dents). — 4. (Vor) Rache schnauben, respirer la vengeance.
5. Weg pour schieß' weg, fais tomber, enlève (d'un coup de flèche). —
6. Dem Sohn.... vom Haupt équivaut à : vom Haupt des Sohnes, de la
tête du fils. — 7. Lispelt ihm, lui dit tout bas. — 8. Weise Herz, montre
du courage. — 9. Legt ihm auf, place sur lui, sur sa tête.

Er drückt mit kaum bewegter Hand;
   Es knallt! — Der Apfel ab[1]!
Voll jugendlicher Munterkeit
   Jauchzt ihm der Sohn; in Eil
Bringt er dem Vater (welche Freud'!)
   Am Apfel seinen Pfeil.
So schlug ihm nie sein Vaterherz,
   So pries er niemals Gott;
So quoll ihm Freude nie aus Schmerz,
   Und Ehre nie aus Spott.
Doch ach, kaum konnt' er der Gefahr
   So heldenhaft entgehen;
Der Vogt, noch eines Pfeils gewahr[2],
   Fragt drohend ihn: „Für wen?"
Tell lächelt: „Das ist Schützenart."
   Doch Geßler merkte Scherz,
Rief laut: „Für wen? — „Er war gespart,'
   Rief Tell ihm, „für dein Herz!"
Der Vogt, von neuer Wuth entflammt,
   Bind't schnell ihm Händ' und Füß'
Und schäumt und stampfet und verdammt
   Den Tell zur Finsterniß,
Und wirft ihn höhnisch in den Kahn:
   „Dem Schlosse Küßnacht zu[3]!"
Sitzt zu ihm ein[4] und lacht ihn an:
   „Jetzt, Wilhelm, hast du Ruh!"
Gebunden bleibt der Held ein Held
   In Ketten Tell noch Tell;
Und Gott, dem Unschuld stets gefällt,

1. Sous-entendu fällt (ab) ou ist (ab) geschossen, tombe ou est abattue. — 2. Gewahr sous-entendu werdend, remarquant. — 3. Zu, vers, dem Schlosse Küßnacht zu, au château de Küßnacht! — 4. Einsitzen, s'asseoir dans (la barque) près de lui, zu ihm.

Sieht ihn und hilft ihm schnell.
Er winkt dem Sturm; der Sturm braust her.
Die Schiffer stehn erblaßt
Und rufen : „Keine Rettung mehr,
Wenn Tell das Steu'r nicht faßt."
Der blasse Tod war allzunah',
Gefahr und Angst zu groß,
Und todtbleich steht der Landvogt da,
Und knirscht : „So laßt ihn los[1]!"
Des Helden freigebund'ner[2] Arm
Arbeitet fort zum Strand;
Tell springt und stößt, von Freiheit warm,
Das Schiff zurück vom Land.
Die Wellen rauschen fürchterlich
In des Tyrannen Ohr;
Tell sieht zu Gott auf[3], stärket sich
Und läuft dem Vogte vor[4],
Der nach ihm kommt, im Auge Zorn,
Verwirrung im Gehirn.
Stolz trabt[5] er hinter einen Dorn[6],
Wuth runzelt seine Stirn.
Tell sieht ihn, still und ungesehn,
Den Bogen in der Hand,
Und hört des Vaterlandes Flehn,
Denkt seinen Sohn, — und spannt,
Und zielt' und drückte tapfer los
Den Pfeil in Geßlers Brust;
Sah Geßlers Blut, das niederflos,
Mit schauerlicher Lust;

1. Loslassen, délier. — 2. Délivré des fers. — 3. Sieht.... auf, de
aufsehen, lever les yeux. — 4. Läuft.... vor, de vorlaufen, courir devant
prendre les devants), prévenir. — 5. Il trotte fièrement, il s'avance fièrement (au trot). — 6. Épine, broussailles.

Wie er erblaßt vom Pferde sank,
   Dann hülflos lag und todt.
Tell kniet vor Gott hin, voll von Dank
   Und frei von aller Noth.
Die Freiheit seines Vaterlands
   Steht auf mit diesem Fall;
Bald, bald verbreitet sich ihr Glanz
   Und strahlet überall.

                            Lavater.

V

CARACTÈRES ET TABLEAUX

Le Bédouin.

Die Freiheit wohnt in den Wüsten, und der Sohn der arabischen [1], der Beduine, trägt noch denselben Stempel [2] der Sitte und des Charakters; seine Laster, seine Tugenden sind noch dieselben, wie vor Jahrtausenden. Habsüchtig und gierig, lügnerisch und betrügerisch im Handel und Wandel [3], aber tapfer und freigebig, mild und dankbar, und vor allem gastfrei und treu in Erfüllung des selbst dem Feinde gegebenen Wortes, mäßig und enthaltsam; ein munterer Gesellschafter und heiterer Gefährte; witzig, launig, wohlberedt und dichterisch; ein warmer Vertheidiger seiner Ehre und seiner Frauen; den Schimpf im Blute waschend und nach demselben dürstend, wann es gilt [4], das vom Feinde vergossene [5] des Blutsverwandten zu rächen. „Den Brand [6], den Brand, nur nicht die Schand!" — „Die Rach', die Rach', nur nicht die Schmach!" ist noch heute das Kriegsgeschrei des für seine und seiner Frauen Ehre kämpfenden Beduinen; doch ist er noch mehr gastfrei als blutdürstig, und mehr edel als unversöhnlich.

B. Hammer.

1. Sous-entendu Wüste, désert. — 2. Der Stempel, l'estampille, l'empreinte. — 3. Im Handel und Wandel, dans le commerce. — 4. Wann es gilt, lorsqu'il s'agit. — 5. Sous-entendu Blut, «le sang répandu.»—6. Accusatif avec lequel on sous-entend un verbe quelconque, wollen, par exemple.

Le Tyrolien.

So arm [1] der tyroler Bauer auch an Gedanken ist, so ist sein Forschungsgeist doch tief, die Kraft seines Charakters edel; auch ist sein Verstand höchst scharfsinnig, wann es darauf ankommt [2], die Rechte seines Vaterlands zu vertheidigen. Diese Menschen richten ihre ganze Geisteskraft einzig dahin [3], ihre Verfassung aufrecht zu erhalten. Durch Bücher ist ihr Geist nicht gebildet; aber sie sind sehr verständig. Diese Nation zeichnet sich weniger durch Schriftsteller aus, als sie sich durch Künstler Ruhm erworben hat. Eine [4] Angelika, ein Campi, ein Bergler, ein Zauner sind der Stolz der Tyroler und die Zierden der Kunst. Der Viehhirt Peter Anich, welcher unter Maria Theresia lebte, wäre gewiß der größte Astronom geworden, wenn seinem Genie Unterricht und nöthige Hülfsmittel verliehn gewesen wären. Ohne alle Anleitung [5], bloß durch Beobachtung des gestirnten Himmels und durch eigenes Nachdenken [6], verfertigte Anich einen großen, ganz richtig eingetheilten Globus, der noch jetzt zu Wien als Seltenheit aufbewahrt wird. Auch ist die beste Karte von Tyrol von eben diesem [7] Viehhirten verfertigt.

Elisa von der Recke.

Le Soleil levant.

Schön ist die Morgensonne, schön.
Weg [8], Trägheit, weg! Ich will sie sehn!
Sie kommt in ihrem Heldenlauf,
Mit goldner Pracht den Berg herauf [9].

1. So arm... auch, quelque pauvre que. — 2. Es kommt darauf an, litt. : il vient à cela, il s'agit de. — 3. A cela, sur cela : à maintenir leur constitution. — 4. Cet article indéfini devant les noms propres peut se rendre par : les. — 5. Ohne alle Anleitung, sans aucune direction. — 6. Durch eigenes Nachdenken, par sa propre réflexion. — 7. Von eben diesem, par ce même.

8. Weg, au loin, retires-toi. — 9. Sie kommt.... den Berg herauf, litt. : il (le soleil) remonte la montagne.

Sie kommt, und alles wird erhellt [1]:
Der Berg, der Wald, das weite Feld.
Wie sehr doch Gott die Menschen liebt,
Der diesen Glanz der Sonne gibt!

Sie strahlt [2] uns Wärme, Kraft und Licht,
Und Lust ins Herz und Angesicht.
O betet, Menschen, betet an
Den Schöpfer, der ihr zeigt die Bahn!

Erkennet seine Herrlichkeit
Und weiht ihm eure Lebenszeit.
Denkt, handelt, als sein Eigenthum,
In seiner Lieb', in seinem Ruhm!

Caroline Pilcher.

Frédéric Barberousse.

Friedrich [3] war mittlerer Größe und wohlgebaut; sein Haar blond, kurz abgeschnitten und nur auf der Stirn gekräuselt, seine Haut weiß, seine Wangen roth und sein Bart röthlich, weßhalb ihn die Italiener Barbarossa nannten. Er hatte schöne Zähne, seine Lippen, blaue Augen, einen heitern, aber durchdringenden Blick. Sein Gang war fest, die Stimme rein, der Anstand [4] männlich und würdevoll, die Kleidung weder gesucht noch nachlässig. Keinem stand er auf der Jagd und in Leibesübung nach [5], keinem an Heiterkeit bei Festen; nie aber durfte der Aufwand in übermäßige Pracht, nie die gesellige Lust in Völlerei [6] ausarten. Seine Kenntnisse konnten in jener Zeit und bei der mehr

1. Alles wird erhellt, tout s'illumine. —2. Sie strahlt uns, litt. : il nous rayonne, ses rayons nous envoient.
3. Empereur d'Allemagne en 1152-1190. — 4. Anstand, maintien. — 5. Einem nachstehen, être inférieur à quelqu'un. — 6. Völlerei orgie.

„weltlichen Richtung [1] seines Lebens nicht umfassend sein; doch verstand er lateinisch und las gern und fleißig die römischen Schriftsteller.

Ungeachtet seines großen Feldherrntalents sah er im Kriege doch nur ein Mittel für den höhern Zweck, den Frieden. Furchtbar und streng zeigte er sich gegen Widerstrebende [2], versöhnlich gegen Reuige, herablassend gegen die Seinen; doch verlor er weder in der Freude noch im Schmerze jemals Würde und Haltung. Selten trog [3] ihn sein Urtheil, fast nie sein Gedächniß. Gerne hörte er Rath; die Entscheidung aber kam stets von ihm selbst. Andacht an heiliger Stätte und Ehrfurcht gegen Geistliche waren Eigenschaften des Zeitalters und nicht minder die seinigen. Rücksichtslos [4] die Gesetze zu vollziehen hielt er für [5] die erste Pflicht des Fürsten; ihnen unbedingt zu gehorchen, für die erste des Unterthans. Ueberall stärkte er seinen Willen und seine Kraft dadurch, daß er nur das unternahm, was nach seiner Ueberzeugung dem Rechte und den Gesetzen gemäß war, und daß er auf große Vorbilder früherer Zeiten mit jener Begeisterung hinblickte, die selbst ein Zeichen der Tüchtigkeit ist.

Raumer.

—

Le comte d'Egmont.

Nicht minder edlen Stammes, als Wilhelm von Oranien, war Lamoral, Graf von Egmont und Prinz von Gavre, ein Abkömmling der Herzoge von Geldern, deren kriegerischer Muth die Waffen des Hauses Oestreich ermüdet hatte. Sein Geschlecht glänzte in den Jahrbüchern des Landes; einer von sei-

1. Bei der mehr weltlichen Richtung, avec la direction plutôt mondaine. — 2. Widerstrebende, des récalcitrants. — 3. Prét. de trügen, tromper. — 4. Sans ménagements. — 5. Hielt er für, litt. : il tenait pour, était pour lui; hielt, prét. de halten, tenir.

nen Vorfahren hatte schon unter Maximilian die Statthalter=
schaft über Holland verwaltet. Egmonts Vermählung mit der
Herzogin Sabina von Baiern erhöhte[1] noch den Glanz seiner
Geburt, und machte ihn durch wichtige Verbindungen mächtig.
Karl der Fünfte hatte ihn im Jahre 1546 in Utrecht zum Rit=
ter des goldnen Vließes geschlagen[2]; die Kriege dieses Kaisers
waren die Schule seines künftigen Ruhms, und die Schlachten
bei St.=Quentin und Gravelingen[3] machten ihn zum[4] Helden
seines Jahrhunderts. Jede Wohlthat des Friedens, den han=
delnde Völker am dankbarsten fühlen, brachte das Gedächt=
niß der Siege zurück[5], durch die er beschleunigt worden, und
der flämische Stolz machte sich, wie eine eitle Mutter, mit dem
herrlichen Sohne des Landes groß, der ganz Europa mit seiner
Bewunderung erfüllte. Neun Kinder, die unter den Augen sei=
ner Mitbürger aufblühten, vervielfältigten und verengten[6] die
Bande zwischen ihm und dem Vaterlande, und die allgemeine
Zuneigung gegen ihn übte sich im Anschauen derer, die ihm
das Theuerste waren. Jede öffentliche Erscheinung Egmonts
war ein Triumphzug; jedes Auge, das auf ihn geheftet war,
erzählte sein Leben; in der Ruhmredigkeit[7] seiner Kriegsgefähr=
ten lebten seine Thaten; ihren Kindern hatten ihn die Mütter
bei ritterlichen Spielen gezeigt. Höflichkeit, edler Anstand und
Leutseligkeit, die liebenswürdigen Tugenden der Ritterschaft,
schmückten mit Grazie sein Verdienst. Auf einer freien Stirn
erschien seine freie Seele; seine Offenherzigkeit verwaltete seine
Geheimnisse nicht besser, als seine Wohlthätigkeit seine Güter,
und ein Gedanke gehörte allen, sobald er sein war. Sanft und
menschlich war seine Religion, aber wenig geläutert, weil sie

1. Erhöben, rehausser. — 2. Zum Ritter des goldenen Vließes schlagen,
faire chevalier de la Toison d'or. — 3. Gravelines, célèbre par la bataille
qui fut livrée en 1558, entre le comte d'Egmont et le maréchal de la Ferté.
4. Machen ihn zum, font de lui le.... — 5. Brachte das Gedächtniß... zurück,
rappela le souvenir. — 6. Verengen, resserrer. — 7. Die Ruhmredigkeit,
la vanterie.

von seinem Herzen und nicht von seinem Verstande ihr Licht empfing. Egmont besaß mehr Gewissen als Grundsätze; sein Kopf hatte sich sein Gesetzbuch nicht selbst gegeben, sondern nur eingelernt; darum konnte der bloße Name einer Handlung ihm die Handlung verbieten. Egmont vereinigte alle Vorzüge, die den Helden bilden : er war ein besserer Soldat als Oranien[1], aber als Staatsmann tief unter ihm : dieser sah die Welt, wie sie wirklich war; Egmont[2] in dem magischen Spiegel einer verschönerten Phantasie. Menschen, die das Glück mit einem Lohn überrascht, zu welchem sie keinen näturlichen Grund in ihren Handlungen finden, werden sehr leicht versucht, den nothwendigen Zusammenhang zwischen Ursache und Wirkung überhaupt zu verlernen[3], und in die natürliche Folge der Dinge jene höhere Wunderkraft einzuschalten, der sie endlich tolldreist[4], wie Cäsar seinem Glücke, vertrauen. Von diesen Menschen war Egmont. Trunken von Verdiensten, welche die Dankbarkeit gegen ihn übertrieben hatte, taumelte er in diesem süßen Bewußtsein, wie in einer lieblichen Traumwelt, dahin[5]. Er fürchtete nichts, weil er dem unsichern Pfande vertraute, das ihm das Schicksal in der allgemeinen Liebe gegeben[6], und glaubte an Gerechtigkeit, weil er glücklich war. Selbst die schrecklichste Erfahrung des spanischen Meineids konnte nachher die Zuversicht nicht aus seiner Seele vertilgen[7], und auf dem Blutgerüste selbst war Hoffnung sein letztes Gefühl. Eine zärtliche Furcht für seine Familie hielt seinen vaterländischen Muth an kleinern Pflichten gefangen. Weil er für Eigenthum und Leben zu zittern hatte, konnte er für den Freistaat nicht viel wagen. Wilhelm von Oranien brach mit dem Thron, weil die willkührliche Gewalt seinen Stolz

1. Guillaume d'Orange. — 2. Sous-entendu sah sie, le voyait (le monde)- — 3. Verlernen, désapprendre, méconnaître. — 4. Tolldreist follement téméraire, avec une folle témérité. — 5. Dahintaumeln, vivredans l'enivrement. — 6. Sous-entendu hatte. — 7. Vertilgen, détruire, anéantir.

empörte. Egmont war eitel; darum legte er einen Werth auf
Monarchengnade. Jener war ein Bürger der Welt : Egmont
ist nie mehr als ein Fläminger gewesen.

Schiller.

——

Bonté de Dieu.

Es lebt ein Gott, der Menschen liebt :
    Ich seh's wohin[1] ich blicke;
Am Nebel, der den Himmel trübt,
    So wie am Sonnenblicke.

An jeder dunkeln Regennacht,
    Wo mir kein Sternchen leuchtet;
Am Monde, wenn er freundlich lacht
    Und meinen Pfad erleuchtet.

Ich seh's, wann Donnerwolken glüh'n
    Und Berg und Wald bewegen;
Ich seh's, wann sie vorüberflieh'n[2]
    Im sanften, lieben Regen.

Nicht nur, wann Frühlingslüfte weh'n
    Durch Laub und junge Blüthe;
Nicht nur, wann reife Saaten[3] steh'n,
    Seh' ich des Schöpfers Güte;

Ich seh' sie auch wann tiefer Schnee
    Die stille Flur bedecket,
Und wann der Nord das scheue Reh
    In Felsenklüfte schrecket[4].

1. Wohin, où, partout où. — 2. Wann sie vorüberflieh'n, lorsqu'ils passent rapidement; litt. : passent au vol, præter volare. — 3. Die Saat, la
semence, la moisson. — 4. Schrecken, effrayer, ici : faire entrer (par la
frayeur).

Einst sah ich sie im stäten Glück,
    In tausend, tausend Freuden;
Nun sieht sie mein beschränkter Blick
    In kleinen, kurzen Leiden.

L. von Stollberg.

Aspect de l'Europe.

Europa gehört fast ganz der nördlichen gemäßigten Zone an. Seine bedeutendsten Länder liegen vom 40sten Zöne 60sten Grade. In den nördlicher gelegenen [1] erstirbt allmälig die Natur. So hat unser Welttheil also nirgends die üppige Fruchtbarkeit der tropischen Länder; allein auch kein so undankbares Klima, daß die Sorge für die bloße Erhaltung des Lebens die ganze Kraft des Menschen verschlänge [2]. Europa erlaubt, wo nicht besondere Ursachen Hindernisse in den Weg legen, durchgehends den Ackerbau. Es ladet dazu ein; es zwingt gewißermaßen dazu : denn es paßt [3] so wenig zum Jäger= als zum Hirtenleben. Haben gleich [4] seine Bewohner auch zu gewissen Zeiten ihre Wohnsitze verändert, so waren sie doch nie eigentliche Nomaden. Sie wanderten um zu erobern, um anderswo sich niederzulassen, wo Beute, wo größere Fruchtbarkeit lockte. Nie lebte ein europäisches Volk unter Gezelten [5]; die waldbedekten Ebenen boten überflüssig das Holz zu den Hütten dar [6], welche der rauhere Himmel erforderte. Sein Boden, sein Klima war ganz dazu geeignet, den Menschen an eine regelmäßige Thätigkeit, die Quelle alles Wohlstandes, zu gewöhnen. Konnte gleich Europa sich selber nur weniger ausgezeichneter Erzeugnisse rühmen, vielleicht keines Einzigen

---

1. Nördlicher gelegenen, sous-entendu Ländern, dans les pays situés plus au nord. — 2. Prét. du subj. de verschlingen, engloutir, absorber. — 3. Passen zu, convenir à, être propre à. — 4. Gleich pour obgleich, quoique. — 5. Das Gezelt, syn. de Zelt, la tente. — 6. Boten dar, prét. de darbieten, offrir.

das ihm ausschließend [1] eigen gewesen wäre; mußten auch seine edelsten Produkte erst aus fernen Ländern dahin verpflanzt werden, so erzeugte doch auch eben dieses wiederum die Noth= wendigkeit sie zu pflegen [3], sie zu ziehen. So mußte sich die Kunst mit der Natur verbinden; und eben diese Verbindung ist die Mutter der fortschreitenden Bildung unsers Geschlechts. Ohne Anstrengung erweitert der Mensch den Kreis seiner Ideen nicht; aber freilich muß seine bloße Erhaltung auch nicht den Ge= brauch aller seiner Kräfte in Anspruch [4] nehmen. Eine Frucht= barkeit, hinreichend um die Mühe der Arbeit zu lohnen, ist in Europa meist gleichmäßig vertheilt : es gibt hier keine großen Länder ihrer gänzlich beraubt [5], keine Sandwüsten wie die von Arabien und Afrika; und die ohnehin reich bewässerten Steppen fangen erst in den östlichen Ländern an. Mäßige Berge unter= brechen gewöhnlich die Ebenen; wo man auch reiset, erblickt man den lieblichen Wechsel zwischen Höhen und Thälern; und wenn die Natur nicht die üppige Pracht der heißen Zone zeigt, so lohnt dafür ihr Erwachen im Frühling durch Reize, welche der glänzenden Einförmigkeit der Tropenländer fehlen.

Heeren.

Plantes des tropiques.

In den Tropen sind die Gewächse saftstrotzender [6], von fri= scherm Grün, mit größeren und glänzenderen Blättern geziert, als in den nördlichen Erdstrichen. Gesellschaftlich lebende Pflanzen, welche die europäische Vegetation so einförmig ma=

1. Ausschließend pour ausschließlich, exclusivement. — 2. Auch pour wenn auch, quand même, quoique. — 3. Ce verbe est faible dans le sens de : soigner, cultiver; fort quand il signifie : tenir (conseil), pflegen, pflog, ge= pflogen. — 4. In Anspruch nehmen, occuper, absorber. — 5. Ihrer gänzlich beraubt, entièrement privé d'elle (la fertilité).

6. Plus remplies de sève, plus exubérantes. — 7. Gesellschaftlich lebend, vivant en société.

chen, fehlen am Acquator beinahe gänzlich. Bäume, fast zwei=
mal so hoch als unsere Eichen, prangen dort mit Blüthen,
welche groß und prachtvoll wie unsere Lilien sind. An den schat=
tigen Ufern des Magdalenenflusses in Südamerika wächst eine
rankende [1] Aristolochia, deren Blume, von vier Fuß Umfang,
sich die indischen Knaben in ihren Spielen über den Scheitel
ziehen.

Die außerordentliche Höhe, zu welcher sich unter den Wende=
kreisen [2] nicht bloß einzelne Berge, sondern ganze Länder erheben,
und die Kälte, welche Folge dieser Höhe ist, gewähren dem
Tropenbewohner einen seltsamen Anblick. Außer den Palmen
und Pisangebüschen [3] umgeben ihn auch die Pflanzenformen,
welche nur den nordischen Ländern anzugehören [4] scheinen; Cy=
pressen, Tannen und Eichen, Berberissträucher [5] und Erlen
(nahe mit den unsrigen verwandt) bedecken die Gebirgsebenen
im südlichen Mexiko, wie die Andeskette [6] unter dem Acquator.
So hat die Natur dem Menschen in der heißen Zone ver=
liehen [7], ohne seine Heimath zu verlassen, alle Pflanzengestalten
der Erde zu sehen; wie [8] das Himmelsgewölbe von Pol zu
Pol ihm keine seiner leuchtenden Welten verbirgt.

Diesen und so manchen anderen Naturgenuß entbehren [9] die
nordischen Völker. Viele Gestirne und viele Pflanzenformen,
von diesen gerade die schönsten (Palmen und Pisangewächse,
baumartige Gräser und gefiederte [10] Mimosen), bleiben ihnen
ewig unbekannt. Die rankenden Gewächse, welche unsere Treib=
häuser einschließen, gewähren nur ein schwaches Bild von der
Majestät der Tropenvegetation. Aber in der Ausbildung unse=

1. Ranken, grimper. — 2. Die Wendekreise, les tropiques. — 3. Der
Pisangebusch, le bosquet de bananiers. — 4. Angehören, appartenir. —
5. Der Berberisstrauch, l'épine-vinette. — 6. Die Andeskette, la chaîne des
Andes.—7. Part. passé de verleihen, accorder, donner.—8. De même que.
—9. Contrairement au français, ce verbe régit l'accusatif. — 10. Gefiedert,
à feuilles composées.

rer Sprache, in der glühenden Phantasie des Dichters, in der
darstellenden Kunst der Maler ist eine reiche Quelle des Er=
satzes eröffnet. Aus ihr schöpft unsere Einbildungskraft die
lebendigen Bilder einer exotischen Natur. Im kalten Norden,
in der öden Haide kann her einsame Mensch sich aneignen, was
an den fernsten Erdstrichen erforscht wird, und so in seinem
Innern eine Welt sich schaffen, welche das Werk seines Geistes,
frei und unvergänglich, wie dieser, ist.

Alexander von Humboldt.

Le Soleil couchant.

Wie geht so klär und munter
Die schöne Sonne unter [1]!
Wie schaut sie uns so freundlich an
Von ihrer hohen Himmelsbahn [2]!

Das ist so ihre Weise,
Sie zeiget still und leise:
Wer flink am Tage Gutes thut [3],
Dem ist am Abend wohl zu Muth.

Sie läuft den Weg behende,
Vom Anfang bis zum Ende,
Erhält und wärmt die ganze Welt,
Aus ihrem frohen Himmelszelt.

Auf allen ihren Wegen
Ist lauter [4] Licht und Segen,
Dann schließt sie freundlich ihre Bahn
Und lächelt uns noch einmal an.

1. Untergehen, se coucher (le soleil). — 2. Die Himmelsbahn, la route
céleste. — 3. Wer flink... thut, qui fait vite, se hâte de faire. — 4. Lauter,
purement, uniquement; ist lauter Licht, il n'y a que lumière....

Jetzt geht sie klar und munter
Am Abendhimmel unter;
Bald, aus des Morgens Himmelsthor,
Steigt sie mit neuem Glanz empor.

Drum wall't nur frohen Muthes,
Wie sie, und thuet Gutes;
Dann schließt ihr fröhlich euren Lauf
Und steht frohlockend wieder auf.

Krummacher.

Le comte de Pappenheim.

Pappenheims [1] wilder stürmischer Muth, den auch die ent=
schiedenste Gefahr nicht schreckte, und kaum das Unmögliche
bezwang [2], machte ihn zum furchtbarsten Arm des Feldherrn,
aber untüchtig zum Oberhaupt des Heeres. Das Treffen bei [3]
Leipzig ging, wenn man dem Ausspruch Tillys glauben
darf, durch seine ungestüme Hitze verloren [4]. Auch er tauchte bei
Magdeburgs Zerstörung seine Hand in Blut. Sein Geist, durch
frühen jugendlichen Fleiß und vielfältige Reisen zur schönsten
Blüthe entfaltet, verwilderte unter den Waffen. Auf seiner
Stirn erblickte man zwei rothe Striemen, Schwertern ähn=
lich, womit die Natur, schon bei der Geburt, ihn gezeichnet
hatte. Auch noch in spätern Jahren erschienen diese Flecken, so
oft eine Leidenschaft sein Blut in Bewegung brachte; und der
Aberglaube überredete sich leicht, daß der künftige Beruf des
Mannes schon auf der Stirn des Kindes angedeutet worden sei.
Ein solcher Diener hatte auf die Dankbarkeit beider öster=

---

1. Célèbre général autrichien, opposé aux protéstants. — 2. Den kaum
das Unmögliche bezwang, que l'impossible domptait à peine. — 3. La
prép. *de* qui précède le nom d'une bataille se rend par bei en allemand. —
4. Ging... verloren, prét. de verloren gehen, se perdre, étre perdu.

reichischen Linien den gegründetsten Anspruch; aber den glän=
zendsten Beweis derselben erlebte er nicht mehr. Schon war der
Eilbote auf dem Wege, der ihm das goldene Vließ von Ma=
drid überbringen sollte, als der Tod ihn zu Leipzig dahinraffte.

Schiller.

———

Bernard de Saxe-Weimar.

In ihm verloren die Verbündeten [1] den größten Feldherrn,
den Sie nach Gustav Adolph besaßen, Frankreich einen gefürch=
teten Nebenbuhler um das Elsaß [2], der Kaiser seinen gefähr=
lichsten Feind. In der Schule Gustav Adolphs zum Helden und
Feldherrn gebildet, ahmte er diesem erhabenen Muster nach,
und nur ein längeres Leben fehlte ihm, um es zu erreichen, wo
nicht gar zu übertreffen. Mit der Tapferkeit des Soldaten ver=
band er den kalten, ruhigen Blick des Feldherrn, mit dem aus=
dauernden Muth des Mannes die rasche Entschlossenheit des
Jünglings; mit dem wilden Feuer des Kriegers die Würde des
Fürsten, die Mäßigung des Weisen und die Gewissenhaftigkeit
des Mannes von Ehre. Von keinem Unfall gebeugt, erhob er
sich schnell und kraftvoll nach dem härtesten Schlage; kein Hin=
derniß konnte seine Kühnheit beschränken, kein Fehlschlag [3] sei=
nen unbezwinglichen Muth besiegen. Sein Geist strebte nach ei=
nem großen, vielleicht nie erreichbaren Ziele [4], aber Männer
seiner Art stehen unter andern Klugheitsgesetzen, als dieje=
nigen sind [5], wornach wir den großen Haufen zu messen pflegen;
fähig mehr als andere zu vollbringen, durfte er auch verwege=
nere Plane entwerfen. Bernhard steht in der neuern Geschichte

1. Les alliés : La France, la Suède, les protestants d'Allemagne, dont
il était le chef. — 2. Das Elsaß, l'Alsace. — 3. Der Fehlschlag, le
revers. — 4. Nach einem Ziele streben, tendre vers un but. — 5. Als die=
jenigen sind, « que ne sont celles (les règles). »

als ein schönes Bild jener kraftvollen Zeiten da, wo persönliche Größe noch etwas ausrichtete, Tapferkeit Länder errang und Heldentugend einen deutschen Ritter selbst auf den Kaiserthron führte.

Schiller.

—

Le cœur d'une Mère.

Mutterliebe, Muttertreue
Gibt dem kleinen Erdenglück
Seinen Anfang, seine Weihe,
Lehrt [1] den ungewissen Blick
Erst umher, und dann zum blauen
Hochgewölbten Himmel schauen.

Diese Treue, diese Liebe
Sichert uns an ihrer Brust.
Sei der Morgen noch so trübe [2],
Wir erwachen da zur Lust,
Hören, unter Donnerschlägen [3],
Nur der Mutterstimme Segen.

Fremd auf diesem Erdenrunde,
Nur daheim an ihrem Schoos,
Hängt das Kind an ihrem Munde,
Wird der Knabe spielend groß;
Klagen darf er, bitten, hoffen;
Mutterhand ist immer offen.

. Ce verbe, comme en latin, régit deux accusatifs, celui de la personne et celui de la chose. Il fait supprimer la particule ʒu devant l'infinitif qui le complète. — 2. So, quelque... que, régit l'indicatif quand il s'agit d'un fait existant. So krank dein Vater ist, wird er doch genesen. « quelque malade que soit ton père, il guérira pourtant. — 3. Unter Donnerschlägen, au milieu des coups de tonnerre.

Sie, die jedes leise Sehnen
Stillte; sie, die alles gab,
Beut[1] dem Jüngling nun mit Thränen
Den gewünschten Wanderstab,
Oeffnet zitternd ihm die Pforte
Bei dem letzten Abschiedsworte.

Mag[2] er jugendlich indessen
Neuer Lust entgegengehen,
Und sein Kindesglück[3] vergessen;
Nur des Lieblings Wiedersehn
Zeigt die tröstende, die milde
Hoffnung ihr im Rosenbilde.

Eitles Bild! Es wird verschwinden,
Wie der Rose Wiederschein,
Wann am Teich, umbraust von Winden[4],
Ihre Blätter sich zerstreu'n.
Todesschatten sinken nieder;
Eile, Jüngling, kehre wieder!

Daß dich, sterbend, ihre blasse
Lippe segne; daß der Arm
Deiner Mutter dich umfasse,
Ihre Brust, so liebewarm,
An dem großen Scheidungstage
Noch an deinem Herzen schlage!

G. Jacobi.

———

1. Poét. pour bietet, de bieten, offrir. — 2. Cet auxiliaire de mode indique ici le subjonctif; mag er entgegengehen, qu'il aille au devant de... — 3. Sein Kindesglück, le bonheur de son enfance. — 4. Umbraust von Winden, battue des vents.

La place Saint-Marc à Venise.

Jede Beschreibung dieses einzigen Platzes auf der Welt steht weit unter dem Eindrucke, von welchem man sich ergriffen fühlt, wenn man in dies große längliche Viereck tritt, die hohen Prachtgebäude um sich her sieht, und dann zur Meeresfläche hinschaut. Der Platz ist mit regulären Quadern[1] gepflastert. Wie ein unermeßlicher Prachtsaal, welcher keine andere Decke als die Wölbung des Himmels zuließ[2], scheint er stets bestimmt und geschmückt zu sein, ein prangendes Völkerfest zu versammeln. Hohe Hallen auf beiden Seiten. Reizende Teppiche flattern um luftige Zelte. Menschen aus allen Welttheilen und von allen Ständen wimmeln im bunten Gemisch durcheinander. Gleichsam betäubend ergreift der große reiche Anblick den Geist, so daß man Zeit braucht, um sich zu sammeln und seine Gefühle zu ordnen.

Wenn der überwältigende[3] Eindruck, wenn die Überraschung des Neuen und Großen vorüber ist[4], so bleibt selbst der ruhigen Beschauung[5] eine gewisse Begeisterung zurück, und man staunt die Kühnheit an[6], welche auf einem vom Meere verschlungenen Sumpfboden solche Ideen von Größe zu fassen, und mit Kraft und Beharrlichkeit auszuführen vermochte. Das Allmachtswort eines Gottes scheint Venedig aus den Fluthen hervorgerufen zu haben. Freilich ist es vorzüglich der prachtvolle Markusplatz der das Gemüth zu solcher Bewunderung hinreißt. Dieser weite Raum besteht aus zwei Plätzen : la Piazza, und la Piazzetta. Die auf demselben befindlichen merkwürdigsten Gebäude sind : die Markuskirche, der dazu gehörige[7] und ziemlich

1. Die Quader, la pierre de taille. — 2. Prét. de zulassen, admettre. — 3. Ueberwältigend, écrasant. — 3. Sous-entendu gegangen; vorübergegangen ist, est passé. — 5. Die Beschauung, la contemplation. — 6. Anstaunen, admirer. — 7. Der dazu gehörige, qui en fait partie.

in der Mitte stehende Thurm, der Palast des Doge, die Bibliothek, die Münze, das Lottohaus, der Thurm der Uhr, die neue und die alte Prokuratur. Diese beiden letzten Ge=bäude liegen gegenüber, und geben dem Platze durch ihre edle Bauart einen hohen Schmuck. Sie wurden von den verschiede=nen Staatsbeamten der vormaligen Republik bewohnt. Säulen von toskanischer Ordnung schmücken die Portiken der alten Pro=kuratur. Die neue ist im Jahre 1583 von Sansorino erbaut, und aus mehreren Pallästen, die eine einzige Marmorfaçade bilden, zusammengesetzt. Drei Reihen Säulen erheben sich hier, in dorischer, jonischer und korinthischer Ordnung, über ein=ander[1]. Um den ganzen Markusplatz ziehen sich[2] an allen Pa=lästen Arkaden hin, zwischen denen alle Haupteingänge zu den Gebäuden befindlich sind[3]. Das Ufer des Meeres ist durch ei=nen schönen Kai eingefaßt. Auf diesem erheben sich zwei Gra=nitsäulen; sie stehen wie auf einer Terrasse, und spiegeln sich in der hellen Meeresfluth. Unter der Regierung des Doge Se=bastian Ziani (1175) wurden sie, nebst einer dritten, die aber beim Aufstellen ins Meer fiel, aus Griechenland nach Venedig gebracht. Jetzt noch sieht man, wenn das Meer ruhig ist, die versunkene Säule auf der Tiefe des Grundes liegen. Ihr Verlust machte, daß die Venetianer es lange nicht wagten, die andern beiden Säulen aufzurichten, bis ein lombardischer Architekt, Nicolo Barutiero, sich anheischig machte[4], sie un=verletzt aufzustellen. Zur Belohnung erbat er sich das Recht, zur Zeit des Karnavals zwischen diesen Säulen Farobank halten zu dürfen. Seitdem vermiethete, so lange die Republik fortdauerte, die Regierung immer diesen Platz, zur Zeit des Karnavals, der previlegirten Farobank. Auf eben dieser Stelle

1. Ueber einander, les unes au-dessus des autres. — 2. Sich hinziehen, s'étendre. — 3. Befindlich seyn, se trouver. — 4. Sich anheischig machen, prendre l'engagement de...

richtet man Verbrecher aus dem Volke hin[1]. Und so werden denn hier erlaubte Sünden begangen, unerlaubte bestraft! Eine dieser Säulen trägt die Statue des heiligen Theodor's, die andere einen geflügelten Löwen. Die Franzosen zertrümmerten, als sie Venedig einnahmen, dies Sinnbild der Kraft. Indeß verzierten die Venetianer aufs neue die Säule mit einem Löwen, der sich aber zu dem zertrümmerten verhalten soll[2], wie das gegenwärtige Venedig zu dem ehemaligen.

Jede Tageszeit belebt den Platz mit andern Scenen. Morgens und Mittags versammelt sich das bunte Gewühl der Menschen unter den Arkaden. Die vornehme Welt glänzt vorzüglich unter den Portiken des Dogenpalastes. Nachmittags sieht man die Menschenfluth unter den kühlen Wölbungen der neuen Prokuratur auf- und abströmen[3]. Aber erst die Nacht eröffnet das interessanteste Schauspiel. Der ganze Raum, mit seinen prächtigen Portiken bis Ponte di Rialto, sammt den Buden, ist verschwenderisch erleuchtet. Ein hinreißender Anblick! Alles voll Leben und Glanz. Kein Stand, kein Rang verschmäht diesen nächtlichen Belustigungsort. Ueberhaupt widmet der vornehme Venetianer die Nacht dem Leben, und einen großen Theil des Tages dem Schlafe. In allen Kaffeehäusern wühlt nächtlich das Gedränge: es strömt aus und ein; der Platz wogt vom Gewühl: nur die ehrwürdige Markuskirche ragt finster und still aus diesem erleuchteten Freudentempel hervor.

Elisa von der Recke.

---

1. Hinrichten, exécuter. — 2. Der sich zu dem zertrümmerten verhalten soll, wie.... Qui, à ce qu'on dit, est au (lion) brisé, ce que.... — 3. Auf- und abströmen, remonter et redescendre (en foule).

Le son des Cloches.

Auf dem frischen Rasensitze[1],
   Hier am kleinen Wasserfall,
Hör' ich von des Thurmes Spitze,
   Frommes Glöcklein, deinen Schall.

Tönst[2], o Glöcklein, nennst Ihn lauter
   Dem mein Herz entgegenbebt[3];
Ihn, der freundlicher, vertrauter
   Hier im Grünen mich umschwebt.

Leise murmeln es[4] die Bäche,
   Daß Er Flur und Aue liebt;
Daß die Rose, die ich breche,
   Mir ein guter Vater giebt;

Daß Er aus der zarten Hülle
   Selbst die goldnen Früchte winkt[5].
Und durch Ihn des Lebens Fülle
   Jede neue Knospe trinkt.

Schalle, Glöcklein! Ach, was bliebe
   Jenem Himmel, diesem Grün?
Ach, kein Leben, keine Liebe,
   Keine Freude sonder[6] Ihn!

Morgens, wann auf Busch und Pflanze
   Kühler Thau die Perlen sät,
Stimmen[7], froh im Sonnenglanze,
   Vöglein mit in mein Gebet.

---

1. Siége, banc de gazon. — 2. Sous-entendu le pronom tu, ainsi que devant nennst. — 3. Dem mein Herz entgegenbebt, celui pour qui mon cœur palpite. — 4. Es annonce le vers suivant et ne se traduit pas. — 5. Winken aus, faire sortir d'un geste. — 6. Sonder, poétique pour ohne, sans. — 7. Stimmen mit in, s'unissent à, se joignent à.

Und am Abend, wann es dunkelt,
    Seh' ich seinen milden Schein;
Wo das Heer der Sterne funkelt,
    Wacht Er über Thal und Hain;

Leuchtet mir auf meinen Wegen;
    Labt die Wiese, nährt das Feld;
Spricht den väterlichen Segen
    Über die entschlafne[1] Welt.

Seiner freu' ich mich im Lenze,
    Wann man Veilchenkränze[2] flicht;
Seiner, wann die Schnittertänze[3]
    Sturm und Hagel unterbricht[4].

Sollt' ich seiner mich nicht freuen?
    Singen[5] nicht, daß Wolke, Wind,
Auch die Blitze, wann sie dräuen[6],
    In des Vaters Händen sind?

Daß an öden Felsenklüften
    Liebend Er vorübergeht,
Und in düstern Todesgrüften
    Des Erhalters Athem weht!

G. Jacobi.

———

Site de l'Arabie.

Zwei tief in das Land gehende Meeresbuchten bilden die

1. La particule ent a quelquefois le sens de ein, et marque passage d'un état dans un autre : entschlafen, s'endormir. — 2. Des couronnes de violettes. — 3. Der Schnittertanz, la danse des moissonneurs. — 4. Pour unterbrechen, interrompent; sing. pour le pluriel. — 5. Pour : sollte ich nicht singen, ne devrais-je pas chanter ? — 6. Dräuen, poétique pour drohen, menacer.

Halbinsel Arabien. Das ganze Land wird auf fünf und fünfzig tausend Quadratmeilen geschätzt.

Die Wüste zeigt todte Natur; unaufgehalten[1] brennt von immer trockenem Himmel die Sonne; die nackten Höhen scheinen durch die Winde geschunden, und öffnen unermeßliche Aussichten, wo kein Schatten den Wanderer erquickt, wo an keinem Gegenstand sein Auge ruhet; unübersehbar[2] zwischen ihm und aller lebenden Kreatur ausgebreiteter Raum stellt sich dar; selten im Schatten einsamer Pilgerwäldchen ein bald im Sande versiechender Bach. Nur der Araber kennt solche Rastplätze; nur er bewohnt sie, frei, in überflüssiger Befriedigung seiner einfachen Bedürfnisse; hieher führt er Sklaven und Schätze, die er von Karavanen erbeutet[3] welche mit den Leuten des großen Emirs der Wüste sich in Geleits- streitigkeiten einzulassen die Unvorsichtigkeit hatten.

Diese Inseln im Sandmeere zu verbinden taugt nur das Kameel; wie die Einwohner, so lernt, von Jugend auf, dieses Thier Durst, Hunger und Schlaflosigkeit ertragen; drei, vierhundert Stunden durchrennt es, ohne in acht oder zehn Tagen mehr als einmal zu trinken, und, außer wenigen Disteln, Wermuthwurzeln und Nesseln, in vierundzwanzig Stunden etwas zu genießen[4]; bis dreizehn Zentner trägt es, Wochen lang[5], unabgepackt[6]; in ihm ist des Arabers Sicher- heit, Reichthum, treuester Lebensgefährte; indem es die ge- doppelte Last eines Maulesels trägt, ist es genügsamer als der Esel; milchreich wie die beste Kuh, schmackhaft wie Kalbfleich, im Werth seiner Haarwolle mit den Schafen wetteifernd; sein Mist dient für Brennholz, sein Harn zu

---

1. Litt. : sans être arrêté; sans relâche. — 2. A perte de vue. — 3. Sous-entendu hat, qu'il a enlevé. — 4. Genießen, prendre (lorsqu'il est question de nourriture). — 5. Wochen lang, durant des semaines. — 6. Unabgepackt, sans être déchargé.

Salmiak; ein Wink regiert seinen Schritt; ein Lied erneuert seine Kraft.

Am Euphrat, unter Obstgärten, dehnten sich in langer Strecke der Hauptflecken der Wüste, die uralte Anah, wo der große Emir der Bedwinen (der Wüstebewohner), zu bestimmten Zeiten, den Sitz aufschlägt[1]. Nämlich mehrere Familien gehorchen dem Vorsteher der Edelsten und Reichsten, als S c h e i c h; alle Scheichs in ihren Händeln[2] dem beschützenden Groß-Emir. Sein Lager ist eine ungemein regelmäßige, bewegliche Stadt; alle Gassen laufen bei dem Gezelte seiner Wohnung zusammen. Ihm bezahlen die Reisenden für sichern, freien Durchzug eine Gabe.

Die berühmten Schulen und Handelsstädte Kufa und Bassora liegen an der Gränze der Wüste. Viele Namen der Stämme erinnern an Moses, an Hiob[3]. Der einzige furchtbare Feind ist Samum, der Engel des Todes, ein aus den Wüsten sich erhebender, schweflichter[4] Wind, dessen Flamme alle begegnende Thiere und Menschen erstickt; durch Arabien und Afrika ist er bis in Spanien fühlbar.

Vom Jemen oder dem glückseligen Arabien sind nur die Küsten genau bekannt. Man weiß, daß es von einem freien, muntern, edlen Volke bewohnt ist, welches bei Heerden, bei Gärten, wo die Weihrauchpflanze, der Balsam, der Zimmt und der Kaffee wächst, in stolzer Unabhängigkeit lebt. Nach den vornehmsten Städten sind Wege gebahnt; um dieselben, bis auf die Gipfel der Berge, ist Kultur. Von einem Gesträuch, wie die Wachholderstaude, wird Weihrauch gesammelt, welcher von Indien bis zu uns die Tempel durchdämpft. Von einer, aus Habesch — so glaubt man — auf die Berge

1. Den Sitz aufschlagen, prendre ses quartiers. — 2. Sous-entendu gehorchen, obéissent. — 3. Job. — 4. Schweflichter, imprégné de soufre. Schwefel, soufre.

Jemens verpflanzten Staude wird der Bohnentrank (Kahweh, Kaffee) bereitet. Wie wenig vermuthete der Arzt Prosper Albinus, da er ihn, um das Jahr 1583, in Aegypten beschrieb und für den Magen empfahl, daß er in wenigen Geschlechtsaltern das Lieblingsgetränk von Europa, von dem Serail des Großherrn der Türken bis in die Alpenhütten Bedürfniß, eine Quelle vieler guten und bösen Dinge sein, und daß die Aerzte wider seinen Mißbrauch schreiben würden!

Eben dieses Arabien ist an den edelsten Pferden sehr reich. So schön, nur nicht so groß als in Afrika, ist das Pferd bei den Arabern; es ist schnell wie Strauße[1], eigentlich für die Jagd. Eine Klasse der arabischen Pferde ist mit urkundlichen, weit hinaufreichenden[2] Geschlechtsregistern versehen. Sie sind Tag und Nacht Gesellschaft für den Araber, der für ihre Reinlichkeit äußerst sorgt; sie stehen den Tag über[3] gesattelt, Nachts fressen sie; alle Stutereien[4] der Morgenländer und Afrikaner werden von hier angepflanzt.

Die Küste Jemens läuft an der arabischen Bucht nach der Meerenge Mandab. In der Nähe liegt Okad, wo in alten Zeiten Dichter um den Preis der Lieder kämpften. Hier liegt, von Gärtchen und Kaffeewäldchen umringt, Moka, Mittelpunkt des Handels, die vornehmste Zollstadt[5] Jemens.

Joh. Müller.

Le vieux Paysan à son fils.

Üb' immer Treu und Redlichkeit
Bis an dein stilles Grab,

---

1. Der Strauß, l'autruche. — 2. Weit hinaufreichend, litt.: remontant oin en arrière, depuis les temps les plus reculés. — 3. Den Tag über, pendant le jour; über dans le sens de pendant, régit l'accusatif et se place après son complément. — 4. Die Stuterei, le haras; die Stute, le jument. 5. Ville au bureau de douane.

Und weiche keinen Finger breit [1]
  Von Gottes Wegen ab.

Dann wirst du wie auf grünen Au'n,
  Durch's Pilgerleben gehn;
Dann kannst du sonder [2] Furcht und Grau'n
  Dem Tod in's Antlitz sehn.

Dann wird die Sichel und der Pflug
  Dir in der Hand so leicht;
Dann singest du beim Wasserkrug,
  Als wär' dir Wein gereicht.

Dem Bösewicht wird alles schwer,
  Er thue, was er thu [3] :
Das Laster treibt ihn hin und her [4]
  Und läßt ihm keine Ruh.

Der schöne Frühling lacht ihm nicht,
  Ihm lacht kein Ährenfeld [5];
Er ist auf List und Trug erpicht.
  Und wünscht sich nichts als Geld.

Der Wind im Hain, das Laub am Baum,
  Saust ihm Entsetzen zu [6];
Er findet, nach des Lebens Traum,
  Im Grabe keine Ruh.

Sohn, übe Treu und Redlichkeit
  Bis an dein kühles Grab,

1. Keinen Finger breit, pas de la largeur d'un doigt, d'un pouce ; weichen, céder. — 2. Sonder, poétique pour ohne, sans. — 3. Er thue, was er thu', litt. : qu'il fasse ce qu'il voudra. — 4. Hin- und hertreiben, balloter çà et là. — 5. Das Ährenfeld, le champ de blé. — 6. Saust... ihm Entsetzen zu, lui cause de la terreur par son bruit.

Und weiche keinen Fingerbreit
    Von Gottes Wegen ab!

Dann. segnen Enkel deine Gruft
    Und weinen Thränen drauf;
Und Sonnenblumen, voll von Duft,
    Blühn aus den Thränen auf.

Hölty.

Groupe de Niobé

Niobe ist als Frau in reifen Jahren[1] vorgestellt, in welchem die Natur alle ihre Würde, Größe und Kraft erreicht hat, und noch nich abnimmt; sondern in ihrer vollkommensten Fülle und Pracht erscheint.

Sie stehet, nicht als wenn sie eilends vorwärts schreiten wollte, sondern als wenn sie eben zur Seite auswiche, um durch ihre Wendung das Kind zu bergen, welches im mütter= lichen Schoose Zuflucht sucht, erschrocken, jammernd, abweh= rend sich windet, und die kommenden Pfeile schon in dem zar= en Körper zu fühlen glaubt. Die Mutter bückt sich über[2], und drückt das Kind, mit der rechten Hand, zärtlich und schützend, in den Schoos, hält es zwischen ihren sich schließenden Knieen. Sie ist etwas nach der Linken zugewendet, indem sie, vorwätrs und nach der Rechten hin, über sich schauet, wo die Gefahr herkommt, welcher sie ausweichen will. Im hohen schmerz= haften Gefühl der Mutterliebe, ernst und klagend, nicht stolz wie einige zu sehen geglaubt haben, auch nicht verzweifelnd, welches gegen den Adel ihrer hohen Natur wäre, sondern be= sorgt und in Aengsten, doch weniger für sich als für das Kind, ihres Herzens Liebling. Die Linke faßt und zieht den Mantel

---

1. In reifen Jahren, d'un âge mûr. — 2. Bückt sich über, se penche sur (l'enfant).

über[1] die Schulter, als wollte sie auch diesen zum Schutz an=
wenden, sich und das Mädchen mit demselben bedecken.

Dieses hängt an der Mutter, es faßt sie mit der Linken um
die Hüfte, die Rechte ist über das Haupt gebogen[2], kommende
Pfeile aufzufangen, abzuwenden; es kniet, aber nicht auf der
Erde, sondern schwebet gleichsam in ängstlicher Bewegung, nur
etwa auf der Spitze des rechten Fußes ruhend, der, mit Gewand
bedeckt, nicht sichtbar ist; das linke Knie steht weiter zurück,
als das rechte, und berührt sammt dem Fuß die Erde nicht.
Die Haare der Niobe, einfach von einem Band gefaßt, verbrei=
ten sich reichlich im Nacken und auf dem Rücken, einzelne Locken
fallen über die Schultern gegen den Busen herab. Das Unter=
gewand hat keine Aermel, sondern läßt ihre Arme frei; weit
und lang, bedeckt es die Füße zum Theil, und ist unter der Brust,
einfach, mit einem Gürtel gebunden. Der Mantel schlägt sich,
vielgefaltet, um den Schoos zusammen[3], und geht von der
rechten Seite über den Rücken hinauf, bis nach der linken
Schulter, über welche er gezogen ist, und von da er wieder in
den Schoos niederfällt. Die Schuhe sind mit beinahe zollhohen
Sohlen versehen.

Das Mädchen hat die Haare gleich der Mutter gebunden, sie
fallen unter der Hand derselben reichlich über den Nacken he=
rab. Sein Untergewand, ebenfalls ohne Aermel, wird unter
der Brust mit einer Schnur oder einem schmalen Bändchen an
den Leib gehalten; es hat nur wenig flache, wellenförmige Fal=
ten, und liegt nahe an[4], als habe sich der Künstler das Gewand
feucht und genau anliegend gedacht; daher zeigen sich die For=
men des Körpers in aller ihrer Schönheit und jugendlichem
Reiz : der Mantel oder das Uebergewand ist zierlich um die
Schenkel gewunden, es bedeckt dieselben nebst dem linken Bein

1. Zieht über, ramène sur. — 2. Gebogen über, arrondi sur. — 3. Sich
zusammen schlagen, se replier. — 4. Nahe anliegen, être collant.

bis an den Knöchel des Fußes, und fällt noch, in einem Haufen Falten, zur Seite auf die Erde.

In Rücksicht der Erfindung betrachtet, dürfte es schwer sein, an diesem Werk einen einzigen Flecken auszuspüren [1], der Gedanke ist groß, edel, rund ausgebildet, alle Kunstforderungen, welche man an ein Kunstwerk machen kann, sind erfüllt, und dabei gesteht man gern, daß es zugleich zart, innig, tief, geistreich, empfunden, zärtlich und rührend sei. Wir interessiren uns für die Figuren, ihre Würde erfüllt uns mit Achtung, ihre Huld und Schönheit zieht uns unwiderstehlich an; ihr Zustand, ihre Gefahr macht uns besorgt, bringt uns Seufzer ab [2]. Diese Sinnesreinheit herrscht und wirkt durchaus in Stellung und Bewegung, durch Glieder und Gliedesglieder, überall zum großen Ausdruck des Ganzen.

Niobe mit ihrer Tochter gehört nicht zu den elegantesten Gruppen der alten Kunst; die Anordnung hat zwar große Verdienste, doch sind einige Werke vom spätern griechischen Style in dieser Hinsicht ohne Zweifel vollkommenere Muster. Die Wendung beider Figuren ist vortrefflich, an der Mutter voll Würde, an dem Mädchen voll Zärtlichkeit, in beiden von unvergleichlichem Ausdruck. Wahrscheinlich hatte der Künstler die Absicht, aus dem Kopf des Mädchens und dessen Armen, mit dem Arm und der Hand der Mutter, den Mittelpunkt der Gruppe, die größte anziehende Masse, den Kern des Ganzen zu machen, welche Intention jedoch nicht ganz gelungen ist; denn der Blick des Beschauers bleibt [3] immer zuletzt auf dem Kopf der Niobe haften, der mit doppelter Gewalt, der Schönheit und des Affekts [4], die Aufmerksamkeit festhält. Die Anordnung der übrigen Glieder ist regelmäßig und künstlich, wenn gleich noch

1. Aufspüren, découvrir. — 2. Abbringen, arracher. — 3. Bleibt haften, reste attaché; l'infinitif qui accompagne bleiben rejeté zu. — 4. Der Affekt, la passion, la douleur.

nicht völlig so vollendet, gewandt und unübertrefflich, wie wir sie am Laokoon, den Ringern und andern Gruppen vom spätern Style bewundern müssen, über welche hinaus weder Gedanke noch Wunsch reichen kann.

Das Große und Schöne war der Zweck des Künstlers, und er hat denselben herrlich erreicht. Dem Mädchen gab er den Zauber des Reizes und der Huld. Schlank und fließend, eben sowohl verstanden als zierlich, sind die Formen desselben. Der Rücken, die Hüfte, die Seiten, unter dem dünnen anliegenden Gewand, nichts kann schöner, reiner, anziehender sein, sowie das reine Contour des Haupts, die freie Stirne. Es ist unmöglich eine anmuthigere, lieblichere, holdseligere, zartere Gestalt hervorzubringen.

Die Mutter besticht uns nicht durch die Grazien der Jugend; sie ist die reife, ausgebildete Schönheit. Juno ist nicht erhabener, sondern nur stolzer, gewaltiger; Pallas nicht schöner, nicht reiner von Zügen, sondern nur kälter, gleichgültiger, selbstgenügsamer in ihrer göttlichen Natur. Hier sehen wir eine Frau vor uns, eine Königin, eine Mutter; ihr leiht die Menschheit, die Noth selbst, unter welcher sie nicht erliegt, welche sie nur duldet, Reize, und bringt sie uns näher [1]. Wir fühlen erwartend und biegen selbst aus [2] vor den Pfeilen, welche das Kind in ihrem Schoose treffen sollen, möchten ihr helfen, dasselbe bergen und schützen, der drohenden Gefahr abwehren. Wir sind bekümmert, wir seufzen und ängstigen uns mit ihr, der liebenden Mutter! Vielleicht kann die Kunst mehr erschüttern, inniger kann sie das Herz nicht rühren!

Das Wissenschaftliche der Zeichnung scheint vollkommen gut : wir sagen absichtlich nur es scheint; denn der wägende, forschende Verstand wird von der Untersuchung dieses Werks, durch

1. Näher bringen, rendre plus intéressant. — 2. Ausbiegen vor, s'effacer devant.

die Macht, welche daſſelbe über unſere Empfindungen ausübt, immer abgezogen [1]; es läßt uns nie Zeit den Maßſtab der Regeln anzulegen, unſer Herz iſt gewonnen, kein Argwohn findet Statt, wir ſind immer nur zur Bewunderung, und niemals zum Tadel geneigt.

Diejenigen haben indeſſen ſchwache Gründe, welche bezweifeln wollen, daß die Niobe ein Originalwerk ſei. Ke inNachahmer hat jemals, oder wird jemals mit ſo viel Liebe, Geiſt und Sorgfalt arbeiten, ſeiner Copie dieſen lebendigen Odem, dieſe Seele einhauchen können.

Göthe.

Les Abeilles.

Kleine Vöglein ſehn wir fliegen,
　　Honigvögelein [2] genannt;
Setzen ſich in ihren Zügen [3],
　　Auf der Blumen bunten Rand;

Und ſie ſchmauſen [4] auf der Weide
　　In der warmen Sonne Strahl,
Küſſen auf der bunten Heide
　　Rothe Blümchen ohne Zahl.

Doch der Winter hält gefangen
　　Unſer kleines Bienenvolk,
Bis der weiße Schnee zergangen [5],
　　Eis und Froſt und Nebelwolk' [6]

---

1. Part. passé de abziehen, détourner.
2. Honigvöglein, petit oiseau à miel. —3. Der Zug, la course, le voyage.
4. Schmauſen, se régaler. — 5. Sous-entendu iſt; zergangen pour vergangen, passé, fondu (la neige), dissipé. — 6. Tout ce vers est pour : Bis Eis und Froſt und Nebelwolf vergangen ſind.

Ist der Frühling neu erschienen,
    Weht in seiner milden Art [1];
Machen sich die fleiß'gen Bienen
    Gleich auf [2] ihre Blumenfahrt.

Kriegrisch kommen sie gezogen,
    Trommeln nach Soldatenart;
Schaaren kommen angeflogen [3].
    Tragen Schwerter wohl verwahrt.

Doch sie nehmen sonder Morden
    Ihren zarten Blumenraub;
Ihre Beute ist geworden
    Honigsüßer Blüthenstaub.

In des Korbes dunkler Höhle
    Zimmern sie geheim den Bau,
Fügen viele tausend Säle
    Für die königliche Frau.

Jedes Zimmer hat sechs Wände
    In dem Honigkönigreich;
Keines Künstlers Meisterhände
    Bildeten [4] sie diesen gleich.

Immerdar sieht man sie leben
    Ohne Hader, ohne Streit;
Sind der Arbeit stets ergeben
    In der Lenz= und Sommerzeit.

1. Suppléez wenn, lorsque, devant ist et weht. — 2. Sich aufmachen, se lever, se mettre en route. — 3. Sonder, poétique pour ohne, sans. — 4. Pour le cond. prés., würde bilden.

Emsig sind sie, einzutragen
    Süßer Blumen Saft und Thau;
Zimmern so mit Wohlbehagen
Ihren wunderbaren Bau.

                              Th. Hell.

———

Le roi Pyrrhus.

Pyrrhus war, als er nach Italien hinüberging, sieben und dreißig Jahre alt, das günstige Alter für große Unternehmungen, wo noch das Jugendfeuer ungeschwächt glüht, und ein reges Leben schon alle Erfahrungen und Überlegungen bereitet hat, deren Mangel die frühere Jugend[1] gefährdet[2]. Jene Zeit war ohne allen Bestand, und eine Umwandlung drängt die andere. Die ererbten Souveraine, Fürsten und Völker, werden ihrer Hohheit beraubt : die Usurpatoren selbst waren Spiel des Glücks : und Pyrrhus verband die Vortheile der Erziehung solcher Zeitläufte mit denen einer fürstlichen Geburt. Nicht nur uns jetzt erscheint er allein königlich unter den aufgeworfenen[3] Fürsten jener Zeit; und daher blieb er unbefleckt von den Verbrechen, die der Usurpation unvermeidlich oder gewöhnlich sind; aber der Besitz des Diadems war Lohn seiner eigenen Tüchtigkeit. Als zartes Kind Mörderhänden entrissen, als Jüngling abhängig von Höfen der neuen Könige, hatte er manche Jahre in Verhältnissen verlebt, wo die Herstellung seiner Rechte vom Wohlwollen Fremder abhing; in diesen[4] bildete er sich die Kunst aus, jeden, der sich ihm nahte, einzunehmen und zu beherrschen. Durch solchen Zaugenber zog er fremde Völker an sich, und erweckte in ihnen Verlan-

1. Die frühere Jugend, la première jeunesse. — 2. Gefährden, mettre en péril, compromettre. — 3. Aufgeworfen, parvenu, part. passé de aufwerfen, se révolter; s'élever, parvenir. — 4. Sous-entendu Jahren, dans ces années.

ihn zum Könige zu haben; aber sein großes Talent ging auf
Einzelnes; und nur Erwerben hatte Reiz für ihn: er war
größer in Schlachten als in Feldzügen; und wie er, mit dem
Vertrauen seine Kunst und Gabe in jeder neuen Schlacht be=
währen zu können, die Vereitelung eines Unternehmens fast
leichtsinnig verschmerzle[1], so verdroß[2] ihn jedes Bemühen, ge=
wonnene Anhänger sich zu erhalten; lieber ließ er sie wieder
abfallen. Es war die Sorglosigkeit des Bewußtseins seiner
Kräfte; diese im Üben zu genießen war sein einziges Ziel. Sol=
ches wird Andern nicht verargt: so ist es unbillig vom Kriegs=
künstler zu fordern, daß er nur nach der Erreichung eines au=
ßer seiner Sphäre liegenden Resultats streben solle. Einen
friedlichen Zustand zu genießen, war damals unmöglich: einen
segenvollen Beruf gab es, den Pyrrhus nicht erfüllte, Griechen=
lands Vertheidiger gegen die nördlichen Barbaren zu sein;
aber bei dem ersten Eindringen der Gallier war er entfernt
als Beschirmer der italiotischen Städte; und der Wankelmuth
der Makedonier hinderte ihn nachher das Reich zu bilden, wel=
ches dazu vereinigt sein mußte.

Die emporgekommenen Fürsten jener Zeit waren mit
Schmeichlern und Schranzen umgeben. Pyrrhus hatte Freunde,
und warb um das Herz der Besten: seine Anträge an Fabri=
cius können nicht ersonnen[3] sein; und welcher unter den an=
dern Königen hatte einen Kineas? Jene hatten in ihren eigenen
Familien tödtliche Feinde, und Verräther in Hof und Heer:
Pyrrhus Hausstand war glücklich und die Treue seiner Epi=
roten makellos. Er war dankbar gegen sein Volk und dankte
ihnen laut, daß er durch sie sei, was er sei: und doch hatten
sie seinen Vater und ihn selbst vertrieben und sein Leben nehmen
wollen, als er in unmündiger Unschuld lebte. Als er die Rö=

1. Verschmerzen, oublier, (une douleur, une insulte). — 2. Prét. de ver=
brießen, répugner, contrarier. — 3. Ersinnen, inventer.

mer kennen lernte, wie er weder sie sich vorgestellt[1], noch geah=
net, daß ein Volk in seiner Zeit sei, vergaß er, daß der Krieg
sie zu seinen Feinden mache; er erglühte von Leidenschaft, und
wähnte sie gewinnen zu können, indem er das Gefühl seines
Herzens laut werden ließ : wie es dem Liebender süß ist, sich
zu bemüthigen, um dem Geliebten Vorzüge zu schenken,
schenkte er den Römern in der Inschrift der Trophäen, wenn
sie die Schlacht von Heraklea betrafen, einen Anspruch an
Sieg, den sie selbst nicht machen konnten, und wenn sie den
gesammten Krieg angingen, schmerzte es ihn nicht, von solchen
Feinden auch besiegt zu sein.

Nur als Feldherr forderte er blinden Gehorsam : als König
verzieh er auch unziemliche Freiheit. Seine Fähigkeit als
Schriftsteller mag sich auf die Darstellung des Geschäftsmannes
beschränkt haben : aber wer solche Siegsinschriften unter seinem
Namen einhauen ließ, der hatte sicher ein Herz für Dichtkunst.

Zwei Thaten sind die Unehre seines Lebens : doch mag der
Tod seines Mitkönigs als vorbeugende[2] Nothwehr beurtheilt
werden können : für die Verstellung gegen Sparta giebt es
keine Beschönigung, denn die Spartaner dachten nichts Feind=
seliges[3] gegen ihn. Aber das Schicksal zog ihn schon zum Ver=
derben, und kaum einzelne Heilige blieben ganz rein von der
Einwirkung einer ruchlosen Zeit : es gab aber keine frevelhaf=
tere als jene makedonische.

Die Streitkräfte, womit Pyrrhus den Krieg unternahm,
waren keineswegs ungenügend, doch war es nicht die Zahl der
feindlichen Schaaren, die diesen Krieg furchtbar machte, es
war Pyrrhus selbst und seine Taktik. Die makedonische Kriegs=
ordnung und die römische, beide hatten damals ihre höchste

1. Sous-entendu hatte. — 2. Verbeugend, préventif; vorbeugende Noth=
wehr, nécessité d'une défense préventive. — 3. Dachten nichts Feindseliges,
n'avaient pas d'intentions hostiles.

Ausbildung erlangt, und diese war noch nichts weniger als
veraltet: Beide trafen hier zusammen, jene unter ihrem größ=
ten Meister, diese wenigstens nur einmal unter einem Feldherrn
von entschiedener Auszeichnung.

Niebuhr.

—

Le calife Hassan.

„Er stirbt," sprach Hassans Arzt zu Hossein[1],
„Errettet der Prophet nicht durch ein Wunder ihn:
Er stirbt an Gift; von Gift ist angegriffen
Sein Eingeweide schon und bald schon ganz verzehrt!

Als wie gerührt vom Donner[2], hört
Dieß Hossein. „Gift", rief er, „Gift verzehrt!"
Dich, bester Bruder? Ach, so lohnen deine Güte
Die Sklaven, die du so beglückt!
Ist's möglich, daß so sehr die Bosheit wüthe,
So ihnen den Verstand verrückt!"

„Sei ruhig, Hossein! Er hatte mich verkennet,
Der's that[3], und dich — ich hab' ihm schon verzieh'n!"
„Wie? Hassan weiß[4] den Bösewicht, und nennet
Nicht seinem Bruder ihn?
Fluch treffe den Verräther und Verderben!
In Höllenmartern soll er sterben;
Gerächt sollst du und soll die Menschheit sein.
Nenn' ihn! Du darfst, du darfst ihm nicht verzeih'n!"

„Ich dürft' es nicht? O Bruder, und so süße
Ist's doch, Beleidigern verzeih'n!

1. Hassan et Hossein, fils d'Ali et de Fatime, fille de Mahomet. — 2. Vom
Donner gerührt: « frappé de la foudre. » — 3. Der's that : « qui le fit,
qui en est l'auteur. — 4. Connaît.

Ja, Bruder, ja! ich darf[1] : in dunkle Finsternisse
Hüllt doch auf dieser Welt sich unser Leben ein;
Die Nacht verschwindet bald, und hell wird alles seyn.
Laß, theurer Hossein, laß den Verbrecher geh'n,
Bald werden er und ich vor Gottes Richtstuhl[2] stehn;
Da wird gerichtet sein Vergehen.
Kann ich[3] ihm dann Vergebung nicht erflehen,
Da werd' ich schwer gerächet seyn.
Mich aber, mich laß ihm verzeih'n!"
So sprach er lächelnd, und schlief ein.

F. Schmidt.

Les Francs-Juges.

Als das Herzogthum Westphalen unter das geistliche Regi=
ment von Köln fiel, blieben die Gaugrafen[4] beibehalten[5], nur
daß sie seitdem vom Erzbischofe belehnt wurden. Das Gericht,
das sie nach alter Weise unter freiem Himmel mit Zuziehung
gewählter Schöffen[6] im Beisein der freien Bauern hielten, ward
zum Unterschiede vom Send=[7] und Landgericht das Freige=
richt genannt, der Gerichsstuhl Freistuhl[8], der Graf Freigraf,
mit seinen Schöffen. Sie übten nach altem Rechte den Blut=
bann, und waren frei von jedem geistlichen, Fürsten=, Lehns=
oder Stadgerichte. In jedem Gaue waren mehrere Stühle,
entsprechend den alten Centen[9].

Im dreizehnten Jahrhundert aber kam über dies Ge=
richt ein anderer Geist, und es entstand daraus das Fehm=
gericht oder das heimliche Gericht. In den letzten Zeiten

1. Sous-entendu verzeihen, pardonner. — 2. Plus souvent Richterstuhl,
tribunal. — 3. Wenn, sous-entendu.
4. Gaugraf, comte de district — 5. Beibehalten bleiben, être conservé.
—6. Der Schöffe, l'échevin.—7. Send (en ancien allemand) grand, suprême.—
8. Franc siége. — 9. Juridictions.

der Hohenstaufen nahm das Faustrecht[1] dergestalt überhand[2],
daß der edle Reichsverweser, Erzbischof Engelbert von Köln,
sich mit einer Anzahl redlicher Männer aus allen Ständen
verband, um die Verbrecher heimlich zu richten und zu strafen.
Das Geheimniß war nöthig, weil jeder Richter, wenn sein
Name bekannt gewesen wäre, die Rache der zahllosen Ruhestö-
rer hätte fürchten müssen. Der Erzbischof, als Erzbischof in
Westphalen, verband dieses Gericht mit dem unter seiner Ob-
hut stehenden Freigerichten, und brachte diese letzteren in die
Hände des geheimen Rechtsbundes, der „Wissenden[3]." Der
Nutzen dieser Fehmrichter erprobte sich sobald, daß sie sich schnell
über ganz Deutschland ausbreiteten, und im vierzehnten Jahr-
hundert schon hunderttausend Wissende zählten.

Ein feierlicher Schwur verband die Wissenden. Ein Verräther ward sieben Fuß höher gehängt als ein anderer Verbrecher. Sie theilen sich in vier Klassen. Vom ersten Range
war der Stuhlherr oder Vorsteher[4] des ganzen Gerichtes,
ein Fürst, der Erzbischof von Köln, später sogar der Kaiser
selbst. Vom zweiten Range waren die Freigrafen, welche der
Stuhlherr wählte. Vom dritten Range waren die Freischö-
sen, welche der Freigraf wählte. Vom vierten endlich waren
die Frohnboten[5], welche das Gericht und die Beklagten be-
riefen und Strafe vollzogen. Alle Wissenden erkannten sich in
geheimer Loosung.

Es ward kein Geistlicher, mit Ausnahme der geistlichen
Fürsten, kein Jude, kein Weib und kein Knecht unter die
Wissenden aufgenommen, aber auch von diesem Gerichte nicht
verurtheilt. Nur freie Layen wurden hier von ihres Gleichen
gerichtet. Auch wurden nur solche Klagen aufgenommen, die vor

1. Faustrecht, droit du plus fort. — 2. Überhand nehmen, s'étendre. —
3. Der Wissende, l'initié. — 4. Président. — 5. Der Frohnbote, le mes-
sager corvéable.

einem andern Gerichte nicht erledigt worden waren oder werden
konnten. Diebstahl, Mord, Raub, Gewalt, Kirchenfrevel,
Ketzerei, schlechter Lebenswandel, waren die wichtigsten Gegen=
stände der Klage.

Das Gericht versammelte sich heimlich. Ein Wissender trat
als Kläger auf. Der Beklagte ward dreimal vorbeschieden [1].
Appellation fand nicht statt, außer wenn das Gericht getheilt
war, und dann nur an Kaiser und Papst. Wenn der Beklagte
nicht erschien, so reichte der Eid des wissenden Klägers hin, ihn
als schuldig zu verurtheilen. Wiederum konnte jeder Wissende,
der selbst angeklagt worden, sich durch bloßen Eid reinigen.
Wer aber verurtheilt oder verfehmt worden, den traf die Strafe
eben so heimlich, als er vor Gericht gefordert worden. Man
fand in nicht langer Zeit seine Leiche, in welcher ein Dolch
steckte, mit den Zeichen SS. GG. (Stock, Stein, Gras, Grein) [2].

Menzel.

—

Frithiof et Ingeborg.

Les Enfants du Nord [3].

Es wuchsen einst auf Hildings Land [4] —
Zwei Pflanzen unter Pflegers Hand [5],
Nichts schön'res war im Nord zu schauen;
Sie grünten herrlich auf den Auen.

Die erste eine Eiche hehr [6] :
Ihr Stamm schoß aufrecht wie ein Speer;
Ihr Wipfel, in dem Winde schwebend,
Glich einem Helm, sich rund erhebend.

1. Cité, assigné. — 2. Grein, pleurs. Voir, dans les dialogues, les francs-
juges.

3. C'est le début du poëme de Frithiof, *Saga* ou légende du Nord, admira-
blement reproduite par le poëte suédois Tegner. — 4. Ingeborg, fille du roi,
et Frithiof, fils d'un noble, furent élevés, pendant leur enfance, dans l'asile
champêtre du vieux Hilding. — 5. Die Hand, la garde, la protection. —
6. Tournure archaïque qui permet de laisser les adjectifs invariables. —

Die andere, ein Röschen froh,
Da Winterkälte kurz entfloh;
Es schien der Lenz, wo Rosen keimen,
Im Kelche schlummernd noch zu träumen.

Doch bald wird Sturm die Erd' umgehn
Und heftig auf die Eiche wehn,
Bald Frühlingslicht am Himmel glühn,
Und sanft die Purpurknospe blühn.

Nun wuchsen sie im heitern Traum,
Und Frithiof hieß der junge Baum;
Und, lächelnd auf dem grünen Moose,
War Ingeborg die schöne Rose.

Sahst du [1] die zwei bei Sonnenstrahl,
Du wähntest dich in Freyas Saal [2],
Umflattert von den sel'gen Paaren
Mit Flüglein roth und gold'nen Haaren.

Und sahst du sie bei Mondenschein
Leicht hüpfen in dem Schattenhain,
Du wähntest daß, im heil'gen Kranze,
Elfkönig [3] mit der Elfin tanze.

Wie lieblich als in froher Hast
Frithiof die ersten Runen [4] faßt!
Kein König rühmt sich solcher Ehren;
Gleich wollt' er Ingborgen sie lehren.

1. Pour, wenn du sahst. — 2. Freya, déesse des grâces et de l'amour chez les Scandinaves. — 3. Les Elfes ou Sylphes, génies de l'air. — 4. Les runes, issues de l'alphabet phénicien, formaient dans le Nord une écriture sacrée, connue seulement des prêtres et des chefs, mais qu'on retrouva plus tard sur les monuments funéraires.

Wie emfig treibt er feinen Kahn
Mit ihr auf blauer Meeresbahn!
Wie herzlich, bei des Segels Wenden,
Klatfcht fie mit ihren kleinen Händen!

Kein Vogelneft auf hohem Zweig
Das nicht fein kecker Muth befteig';
Selbft Adler, die in Wolken fchweben,
Müßen ihm Ei'r und Junge geben.

Kein Strom, fo wüthend er auch fchlug
Durch den er fie nicht freudig trug;
Wie fanft, da Fluthen um fie drangen,
Wölbt fich ihr Arm, ihn zu umfangen!

Die erfte Blum' in Frühlingsluft,
Die erfte Frucht in Gartenduft,
Die erfte Ähre, reif und golden,
Er bringt fie treulich feiner Holden.

Doch Kinderjahre fliehen fchnell:
Es tritt der Jüngling an die Stell,
Mit Feuerblick, mit Kraftgemüthe;
Die Jungfrau prangt in voller Blüthe.

Und Frithiof ziehet oft zur Jagd,
Daß er, was manchen zittern macht,
Kühn, ohne Spieß und ohne Klinge,
Den ftarken, wilden Bärn bezwinge.

Die Gegner kämpfen Bruft an Bruft;
Blutend und ftolz, mit Siegersluft,

1. Schlug, de fchlagen, frapper, bouillonner.

Trägt Frithiof heim das Ungeheuer :
Wie wär er nicht der Jungfrau theuer ?

Denn Männermuth ist Frauen lieb,
Zur Stärke neigt der Schönheit Trieb;
Es wollen beide sich ergänzen [1],
Wie Helm und Stirn zusammen glänzen....

Erschien [2] der frühe Morgenstern,
Tagsbot' in lichtem Haar von fern,
Da Leben tönt und Menschen wandern,
So dachte Eines stets des Andern.

Erschien der späte Abendstern,
Nachtsbot' in dunkelm Haar von fern,
Da Ruhe schweigt und Schatten wandern,
So träumte Eines stets vom Andern.

Doch Hilding sagte : „Pflegesohn!
Flieh eine Liebe ohne Lohn;
Denn ungleich fallen hier die Loose,
Ein Fürstenkind ist deine Rose.

Hinauf bis Odins [3] Sternensaal
Steigt König Beles [4] Ahnenzahl;
Du bist bloß Thorstens Sohn; mußt [5] weichen.
Das Gleiche paart sich nur zum Gleichen.“

Doch Frithiof sprach : „Zum Todesthal
Reicht nieder meiner Ahnenzahl;

1. Ergänzen, compenser, compléter. — 2. Erschien, sous-ent. wann. —
3. Odin ou Wodan, chef des Ases, dieu suprême des Scandinaves. — 4. Ce
prince, père d'Ingeborg, régna en Suède à la fin du huitième siècle. —
5. Sous-ent. du.

Den Waldherrn schlug ich ja, den rauhen ,
Sein Stammrecht erbt' ich mit den Klauen.

Nie weicht der freigeborne Mann,
Die Welt gehört dem Tapfern an [2];
Wo Glück gebricht, wird er's versöhnen;
Zum König kann ihn Hoffnung krönen.

Hochedel ist die Kraft, denn Thor [3]
Hält sie im Thrudwang stets empor;
Nicht Namen traut er, nur dem Werthe [4];
Am besten freit [5] sich's mit dem Schwerte.

Ich kämpf' um meine junge Braut,
Und zürnte selbst der Donn'rer laut.
Du reine Lilie, wachs in Freuden,
Weh dem der mich von dir will scheiden!"

Eichhoff.

Traduit du suédois.

1. Le roi hérissé des forêts, l'ours. — 2. Angehören (écouter les ordres), appartenir. — 3. Thor, dieu du tonnerre et des combats, opposé à Balder, dieu de la paix, habitait la cime du Thrudewang. — 4. Sous-ent. traut er. — 5. Freien, courtiser, rechercher en mariage.

Nous ajouterons ici comme remarque générale s'appliquant surtout aux *Lettres* et *Dialogues*, que nous n'avons maintenu les majuscules, dont on abuse souvent en allemand, que là où elles étaient strictement nécessaires désirant, autant que possible, rapprocher l'écriture allemande du système d'écriture romaine qui l'a produite et la remplacera tôt ou tard.

VI

LETTRES ET DIALOGUES.

Lessing à son frère Charles.[1]

Dresden, den 26sten März 1775

Lieber Bruder,

Diesen Augenblick, da ich im Begriff bin, nach Prag abzugehn, erhalte ich deine beiden Briefe. Wie sehr lieb wäre es mir gewesen, wenn die gedruckten Bogen von Jerusalem[1], und unseres Moses[2] Urtheil darüber, dabei gewesen wären. Ich kann die Vorrede nicht eher machen, als bis ich beides habe. Erinnre also Hrn. Moses. Mache ihm die Sache so dringend als möglich, und schicke mir Alles so fort nach Wien unter Aufschrift[3] der Gräffer'schen Buchhandlung.

Dem Herrn von St. hast du ganz recht geantwortet, daß das Professoriren meine Sache nicht ist. Der andere Vorschlag würde für mich noch annehmbarer sein, damit ich mein Brod nicht als Gelehrter, sondern als ein anderer dummer Teufel verdienen könnte.

Wie es in Wien gehen wird, wird sich zeigen. Nächstens von daher ein Mehreres[4]. Lebe indeß recht wohl und grüße alle unsere Freunde.

Lessing.

1. Guillaume Jérusalem, théologien et prédicateur luthérien (1709-1789). — 2. Moses Mendelssohn, savant israélite (1729-1789). — 3. Adresse. — 4. Plus de détails.

Lessing à sa sœur.

Wolfenbüttel, den 28ſten December 1778.

Meine liebe Schweſter,

Gott weiß es, daß ich dich nicht vergeſſen, ſondern allezeit mit Wehmuth ſehr oft an dich gedacht habe. Aber wenn du wüßteſt, in welchen Sorgen ich ſeit dem Tode meiner Frau gelebt habe, wie kümmerlich ich habe leben müſſen, ſo würdeſt du gewiß mehr Mitleiden mit mir haben, als mir Vorwürfe machen. Meine Frau iſt nun eben ein Jahr todt, und ich weiß nicht einmal, ob ich an Theophylus ihren Tod gemeldet[1]. Wenn nicht, ſo mag er mir es verzeihen, daß ich einer ſo unange=nehmen Pflicht gegen ihn nicht eingedenk geweſen bin. Er wird böſe auf mich ſeyn; ich will ihn aber nächſtens wieder gut[2] zu machen ſuchen. Ich freue mich herzlich, daß er an eine beſſere Stelle gekommen. — Du gehſt doch wieder zu ihm? — Nimm indeß mit beigehenden[3] fünf Louis'd'or vorlieb[4]. Ich hoffe dir eheſtens mehr zu ſchicken. Lebe recht wohl.

Dein treuer Bruder,

Leſſing.

—

Gleim à Müller.

Halberſtadt, den 4ten Septembre 1780.

Ich bin zu Hauſe, mein Lieber, werde zu Hauſe ſein, und in demſelben mit den offenſten Armen der Freundſchaft erwarten den Mann, um welchen ich ſo lange nun bekümmert war.

---

1. Sous-ent. habe. — 2. Einen wieder gut machen, apaiser, calmer quel-qu'un. — 3. Ci-inclus. — 4. Vorlieb nehmen, se contenter, accepter.

Eine der größten Freuden meines Lebens hatte ich diesen Morgen beim Lesen Ihres Briefes und einiger Stellen Ihres Buches. Eilen Sie, mein theurer Tacitus, auf dem geradesten Wege nach den Landen des großen Mannes[1], dem's an einem Tacitus[2] fehlt: in die friedliche Hütte seines fast vergessenen alten Grenadiers[3], zur größten Freude des Wiedersehens in die offensten Arme der Freundschaft Ihres Gleim. Es versteht sich, daß Sie sogleich zu dem alten Grenadier, wohnhaft hinter'm Dom, bei Ihrer Ankunft vorfahren, und in seinem Hause erwartet er Ihrer mit seiner Soldatenbewirthung.

Gleim.

Müller à Gleim.

Cassel, den 17ten Januar 1782.

Der Geburtstag ist auch hier, ohne mein Zuthun[4], sehr froh und freundschaftlich gefeiert worden; ich fand nämlich Abends bei Casparson eine liebenswürdige Gesellschaft beiderlei Geschlechts.

Nach wenigen Tagen legte ich, auf Befehl Schliessens, meine Hand wieder an die Geschichte der Schweizer. Nun soll sie ununterbrochen fortgesetzt werden. Der erste Theil wird erhellet und verbessert. Wenn das ganze Werk da liegt, gebe ich es auch ganz in zwei Quartbänden, mit einer guten Landkarte, die ich werde stechen lassen, heraus[5].

Warum ich Ihnen, bester Freund, alles dieses erst nun schreibe? Ich stehe so eben von einem sehr heftigen Fieber

1. Frédéric II de Prusse. — 2. Tacitus, allusion aux œuvres historiques de Jean de Muller. — 3. Seines alten Grenadiers, allusion aux chants de guerre composés par Gleim.

4. Ohne mein Zuthun : « en dehors de ma coopération. » — 5. Commencée en 1780, l'*Histoire de la Confédération helvétique*, par J. Muller (1752-1809), reparut, entièrement refondue et continuée, de 1786 à 1795.

auf[1]; mein Blut war in Flammen, meine Brust wie von Lanzen durchstoch , zwei Nächte lang mein Sinn verwirrt[2], also daß ich alle Helden alter Zeiten vor mir sah, mich selbst gestorben glaubte und es nicht bedauerte. In die Luft wage ich mich noch nicht; aber meine Kräfte sind wieder vorhanden und gereinigt.

Daß alle großen Geister den Musen und Grazien opfern sollten, ist unstreitig; dadurch, daß es die Griechen thaten, elektrisiren sie bis auf diesen Tag alle glücklich gebornen Seelen. Plato bemerkt: es wäre der große Pericles der größte Redner besonders durch die Philosophie des Anaxagoras geworden; denn die Betrachtung der großen Verbindungen des Weltalls gebe eine gewisse Erhabenheit, wodurch man sich unwiderstehlich mache. Wodurch hat Voltaire, als durch seine unaussprechliche Grazie, auf das Jahrhundert gewirkt!

Mein Bruder ist ein sehr guter Jüngling vom reinsten und lebhaftesten Gefühl der Freundschaft und alles Guten, und von nicht gemeinen Talenten. So vortrefflich ist auch das Gemüth meiner Mutter und Schwester. Wir haben uns allezeit auf das zärtlichste geliebt; ich wüßte mir keine besseren Menschen zu wünschen, und mag heute von ihnen nichts mehr sagen, mein Herz bricht[3] mir sonst. Liebster Freund! es ist nicht möglich, besser zu seyn, größer wohl, wenn Umstände die Entwickelung desselben Gefühls begünstigen. Für mich wird einst keine Freude größer seyn, als wenn ich sie erfreuen kann: sie lieben mich so gut! Eben so war für mich meiner Mutter Vater, Johann Schoop, der mich lesen gelehrt, mir die Namen und Wappen der dreizehn Städte und Länder gemeiner[4] Eidgenossen gezeigt, als ich kaum lallte; mir große Folianten über

1. « Je relève en ce moment d'une fièvre violente. » — 2. « J'ai passé deux nuits dans le délire. » — 3. Remarquez le sens pronominal du verbe bricht : mon cœur se brise. » — 4. Gemein, en commun, réunis.

die Schweizer Geschichten geschrieben, und als der Schlag ihn rührte[1], in seiner letzten Lebensminute nur nach mir noch gefragt, auf meinen Kopf seine sterbende Hand gelegt und mich gesegnet hat; ein Greis von der alten treuen Art, ohne Tadel. Von ihm habe ich die Statur, ihm wird im Alter mein Gesicht gleichen. Er starb den 24sten Januar 1757. Bei mir ist er nie gestorben.

Leben Sie wohl, mein Allerbester, den ich zärtlichst und auf ewig liebe!

Müller.

———

Gessner à son fils.

Zürich, den 24 April 1784.

Dein Brief, mein lieber Sohn, hat uns unendliches Vergnügen gemacht, besonders war er von der besten Wirkung für deine Mutter, die beständig mit der zärtlichsten Bekümmerniß an dich dachte. Sie war ganz von Freude belebt und beruhigt, sobald sie die frohe Nachricht hatte, daß es dir wohlgeht, und besonders auch, daß Ihr euch auf eurer Reise besser eingerichtet.

Die ersten Tage waren trübe; immer schwatzte man von dir, und fast allemal mit genetzten Augen; Heinrich warf dann einen närrischen Schwank darzwischen, und dann machten Schluchzen und Lachen ein närrisches Gemische. Jetzt ist alles viel ruhiger, ohne darum weniger an dich zu denken. Bei allen Essen bringt Heinrich deine Gesundheit an, aus wahrer, zärtlicher Liebe, und dann freilich auch um einen Schluck Wein mehr zu haben. Oft wird dein Bild hergelangt[2] und zum

———

1. Als der Schlag ihn rührie, « lorsqu'il fut frappé d'apoplexie. »
2. Dein Bild wird hergelangt, « on se passe ton portrait. »

Küssen herumgeboten[1], und wenn dieser rührende Auftritt nicht aufhört, so wird es bald aussehen wie Johann Huß in der Kirche zu Constanz.

Wie sehr freut mich das lebhafte Vergnügen, womit du von den Gemälden, die du in Augsburg und München gesehen hast, redest. Ich sehe darin die wahre Begeisterung für die Kunst, welche, durch die größten Männer immer mehr belebt, das Glück deines Lebens machen wird. Nie hätt' ich dich lieber sehen mögen, als beim ersten Eintritt in die Gallerie zu Schleißheim[2].

So sehr dich die Kunst großer Meister entzückt[3], so laß dich dich nie von der Natur ablocken. Studire in jedem das, worin er jene am glücklichsten erreicht hat; die besten Manieren, jene am glücklichsten auszudrücken; und kehre immer wieder zu ihr selbst zurück. Zu viel Anhänglichkeit an diesen oder jenen giebt immer zu viel Manier, und du wirst in Dresden den Beweis davon an verschiedenen sehen, die immer mehr nach Dietrich als nach der Natur riechen. Vergiß es nie, keinen Tag, keine Stunde, mein theurer Sohn! daß die ersten Jahre deiner Studien, wohl zugebracht, das Glück deines Lebens ausmachen, und daß es von diesen abhängt, es dahin zu bringen[4], daß dein Vater und dein Vaterland auf dich stolz sein dürfen. Lebe glücklich und gesund. Ich bin dein dich zärtlich liebender Vater.   Geßner.

Lettre de Gellert.

Hochzuehrender Herr!

Ich danke Ihnen ergebenst, daß Sie mich mit dem jungen

1. Herumbieten, faire circuler. — 2. Village situé près de Munich, avec un château ou se trouve une riche galerie de tableaux. — 3. « Quel que soit ton ravissement en présence des œuvres des grands maîtres. » — 4. Es dahin bringen, « en arriver au point. »

Herrn L...., haben bekannt machen wollen. Er ist aller meiner Freundschaft und Liebe werth, und seine persönlichen Eigenschaften würden mir schon die Pflicht auflegen, ihm nach meinem Vermögen zu dienen, wenn er auch des niedrigsten Mannes Sohn wäre, und ohne Ihre Empfehlung meine Bekanntschaft gesucht hätte. Um desto mehr werde ich's thun, da mich die Freundschaft gegen Sie, und die Hochachtung gegen seinen Herrn Vater dazu verbinden. Gesetzt[1], daß er auch von meinem Umgange keinen andern Vortheil hat, als daß ich ihn vor den Fehlern warne, die ich im Studiren entweder selbst begangen habe, oder wohl noch begehe: so wird er doch wohl mit meiner Aufrichtigkeit zufrieden sein können. Gelehrt werden ihn schon andere Leute und sein eigener Fleiß machen. Ich erfreue mich, daß er bei seinen wenigen Jahren schon so viel gelesen hat; noch weit mehr erfreue ich mich, daß er Genie hat. Von beiden läßt sich alles hoffen. Leben Sie wohl, und schicken Sie mir bald wieder einen so geschickten Jüngling.

Gellert.

Heinse à Jacobi.

Vom Rigiberge, den 26sten August 1780.

Hier sitz' ich oben in den glänzenden Strahlen der neuen Sonne, die über die Glarnergebirge[2] jugendlich hervorspringt, und Jubel und Wonne mir in die Seele leuchtet: erschrecklich tief unter mir, die schroffen und senkrechten Felsen herab[3], liegt die braune Nacht auf den stillen Seen, wo keine Welle ans Ufer schlägt. Weit und breit über die Erde her ziehen Heere

1. Gesetzt, « en supposant. »
2. Montagnes de Claris. — 3. Die schroffen Felsen herab, « au pied des rochers escarpés. »

von Nebelwolken, weißgraulicht chaotisch und unförmlich, wie die tausendköpfige Mutter Nacht in Person, schwanger von unendlichem, unreifem Leben. Darüber blitzen hervor die Schneegipfel von Schwitz und Unterwalden wie ungeheure Brillantenblöcke. Und fernerhin schimmern und leuchten und funkeln rosenrothe Streifwölkchen im himmelreinen Aether. Jetzt vermischt sich gegen Westen Himmel und Erde, und die Welt ist lauter Nebel [1]. Gegen Osten bekämpfen ihn die Strahlen der Sonne, und er sinkt und fällt. Die Hügel stehen in Thau, und in den Alpen herum weiden die Kühe. Die Erde zeigt ihr holdselig Antlitz und eine Menge freundlicher Seen lächeln um mich herum, und Flüsse gehen stolz und strahlend ihren Schlangengang, die Wesen zu erquicken.

Der Rigi [2] ist der erste hohe Berg, den ich bestiegen habe. Um zwei Uhr Nachmittags, den 25sten, ging ich von Arth [3] allein ohne Wegweiser aus, und stieg die waldige Anhöhe hinan verfehlte aber gleich den Pfad, und kam so ins Steile, daß ich weder zurück noch vor mir konnte [4]; und wurde gewahr, daß ich mit keinem Grafenberg zu thun hatte. Ich ließ meinen Büchsenranzen [5] zuerst hinab ins Gesträuche rollen, und spähte dann am Felsen hangend meinen Rückzug aus. Und das Glück war mir so günstig, daß ich noch mit einigen gefährlichen Sprüngen; wieder auf den alten und rechten Weg kam. Nun stieg ich um den Berg herum zwei Stunden lang, mit einem Bettler, der hinauf zu den Capuzinern [6] wollte, und welchen ich auf dem Wege eingeholt [7] hatte (es ist oben ein Capuziner-Klösterli [8] nur mit vier Mönchen besetzt und einem Bruder, und da herum,

---

1. **Ist lauter Nebel**, « n'est que brouillard. » — 2. Le mont **Righi**, près de Lucerne, le plus beau panorama de la Suisse. — 3. Bourg sur le lac de Zug. — 4. **Ich konnte weder zurück noch vor**, « je ne pouvais ni reculer, ni avancer. » — 5. **Büchsenranzen**, boîte à herboriser. — 6. Sousentendu **gehen**; **hinaufgehen**, monter. — 7. **Einholen**, rejoindre. — 8. **Klösterli**, diminutif suisse pour **Klösterlein**, petit monastère.

brei Wirthshäuser für die Fremden, die im Sommer aus der ganzen Schweiz hieher kommen); und befand mich endlich auf der ersten Anhöhe. Der Schweiß lief mir über den ganzen Leib herab; ich schwitzte von außen und innen: und kam auf den Gedanken, daß die Schweizer vom Schwitzen ihren Namen her hätten.

Was ich den ganzen Weg und insonderheit hier sah und hörte, habe ich noch nie erfahren, und es läßt sich keinem davon eine Vorstellung machen. Rund um und überall rauscht der ganze Berg, der in einer Menge von Riesengipfeln gen Himmel em= porragt. Von diesen Gipfeln schießen Bäche herab, und Quel= len rieseln aus dunkeln Schatten unter Felsen hervor, und Katarakten hallen und brausen dazwischen. Das freundliche Leben, denn änders kann ich oft lechzender Wanderer mir das Wasser nicht denken, scheint zu zürnen, daß es nur todte Fel= sen findet, die es zu keinem neuen Wachsthum beseelen kann. Auf dieser ersten Höhe steht schon ein Wirthshaus, und hier stärkte ich mich und meinen Bettler mit einer Flasche rothen welschen Weins [1] und einem guten Stück Schweizerkäse. Die zweite Höhe kömmt man an einem Einschnitt [2] linker Hand zwischen zwei hohen Gebirgen durch [3], und hat über den Ab= grund, wodurch ein Bach stürzt, über eine halbe Stunde lang [4] eine gähe oft senkrecht herabsteigende Felsenwand voll kleiner hoch herab in die Tiefe stürzender Katarakten, mit Fichten übe= rall bewachsen, wo nur ein Strauch hat Wurzel fassen können, weßwegen sie auch vom Wind hier und dort, wie Halme, nie= dergeschlagen oder entwurzelt liegen, und hangen und verfaulen, weil niemand hinzu kann [5]. Voran steigt ein Felsenjoch in die Höhe in einer ungeheuren Reihe gothischer Säulengänge. Der

1. Welscher Wein, vin de la Suisse française. — 2. Einschnitt, échan-crure. — 3. Man kömmt... durch, on franchit. — 4. Durant plus d'une demi-lieue. — 5. Niemand kann hinzu (sous-entendu flettern) : « personne ne peuty gravir. »

Bach, der in unzähligen Fällen hinabrauscht, ist hier und da, unten und oben mit Erlen eingefaßt und Buchen und Fichten. Der Berg überhaupt ist sehr fruchtbar, hat unten und oben sehr fette Alpen, unten starke Buchen und oben viel Fichtenholz. Das herrlichste Vieh weidet überall herum. Der Weg oder der Pfad hinan [1] ist äußerst beschwerlich, oft so enge und klein an Abgründen, daß man kaum darüber hin kann. Die Capuziner und die Melker haben ihn mit unsäglicher Mühe noch so herausgebracht [2], sonst wäre er gar nicht zu besteigen. An vielen Orten liegen dabei große Felsenstücke mit Moos überzogen und mancherlei Kräutern, woraus meistens ziemlich hohe Buchen in der Tiefe und oben, Fichten und Gesträuch wachsen. — So habe ich überhaupt noch wenig Thäler zwischen den hohen Bergen angetroffen, wo solche große Felsenstücke liegen, die fast alle mit Bäumen bewachsen sind, welches der Gegend erst so recht das Schweizerische gibt [3].

Noch denselben Abend stieg ich hinauf auf den höchsten Gipfel, und sah die Sonne gar schön untergehen, indeß die Seen unten schon ganz dunkel waren und die Nacht, nicht nur Dämmerung, wirklich darauf lag; welches einen entzückenden Gegensatz macht. Ich orientirte mich hier in der ganzen Gegend. Man sieht zuerst unten den ganzen Zuger See, dann den größten Theil von dem vielwinklichen Vierwaldstädter See, den Lauwerzer See, den Surfee, und weit in der Fern den Zürcher See, und noch einige andere, und eine große Strecke am Lauf der Reuß, und eine Menge Ortschaften, als Luzern, Küßnacht, Zug, Arth, Schwitz, u. s. w. Auf den untern Alpen sehen die, meistens schwarzen, Kühe aus wie [4] große Maulwürfe, die sich aus der Erde hervorgemacht haben. Darum her liegt der herr-

1. Der Pfad hinan, « le sentier qui y mène. » — 2. Herausgebracht, déblayé. — 3. Das Schweizerische, le caractère alpestre. — 4. Aussehen wie, ressembler à.

liche Kranz von Schneegebirgen, die der Natur über den Kopf gewachsen zu seyn scheinen.

Heinse.

—

Pfeffel a un ami.

Colmar, den 27ften Julius 1808.

Empfangen Sie, lieber Freund! meinen freudigsten Glück=wunsch zur neuen heiligen Würde, die Ihnen zu Theil gewor=den ist. Gott lasse Sie an Ihrem Erstgebornen die edelsten Vaterfreuden und ihre liebenswürdige Gattin die süßesten Mutterfreuden erleben! Mit froher Rührung reiche ich Ihnen Hand und Herz zu dem neuen Bande das Sie unter uns knü=pfen wollen. Es verpflanzt mich in Ihre Familie und macht den kleinen Ankömmling zu einem adoptiven Gliede der meinigen. Freilich werde ich die Pflichten, die dieser Bund mir auflegt, nicht lange erfüllen können [1]; ich werde aber meine Freund=schaft gegen Sie, lieber Gevatter, und die Ihrigen, meinen Kindern hinterlassen.

Mit wahrer Freude würde ich, Ihrer Einladung zufolge, mein Pathchen [2] selber über die Taufe halten [3]; allein dazu sehe ich leider keine Möglichkeit, und ich bitte Sie zum voraus mir einen Stellvertreter zu ernennen. Ich werde sogar schwerlich meinem Freunde Jakobi den ihm schuldigen Gegenbesuch dieses Jahr wieder geben können. Vielleicht treten Umstände ein [4], die meine erstorbenen Hoffnungen wieder neu beleben. Allein für dieses Jahr ist es nur allzu wahrscheinlich, daß ich mir keine Abwesenheit von mehreren Tagen werde erlauben dürfen.

---

1. Pfeffel, aimable et ingénieux moraliste, né en Alsace. — 2. Filleul. — 3. Ueber die Taufe halten, tenir sur les fonts baptismaux. — 5. Treten... ein, « se produiront. »

Leben Sie wohl, lieber Gevatter! Küssen sie in unserm Na=
men Ihre holde Wöchnerin und den kleinen Heiden, und em=
pfangen Sie, nebst den besten Grüßen meiner Familie, die zärt=
lichste Umarmung ihres Pfeffels.

Pfeffel.

Goethe à Schiller.

Ilmenau, den 29sten August 1795.

Aus dem gesellig müßigen Karlsbad [1] hätte ich in keine
entgegengesetztere Existenz kommen können als in das einsam
thätige Ilmenau. Die wenigen Tage, die ich hier bin [2], sind
mir sehr schnell verflossen, und ich muß noch acht Tage hier
bleiben, wenn ich in den Geschäften nach Wunsch klar werden [3]
soll. Ich war immer gerne hier und bin es noch; ich glaube es
kommt von dem Einklang in dem hier alles steht: Gegend,
Menschen, Klima, Thun und Lassen [4]. Ein stilles, mäßiges,
ökonomisches Streben [5] und überall der Uebergang vom Hand=
werk zum Maschinenwerk, und bei der Abgeschnittenheit ein
größerer Verkehr mit der Welt als manches Städtchen im flachen,
zugänglichen Lande. Noch habe ich auch keine Idee gehabt, als
die hierher paßte; es war aber sehr nothwendig, daß ich das
Pensum vor Winter absolvirte. Leben Sie recht wohl in an=
deren Regionen und gedenken [6] mein mit den Ihrigen.

Göthe.

Schiller à Goethe.

Jena, den 20sten Juni 1796.

Voß ist noch nicht gekommen; er schrieb nur kurz, daß un=

1. Carlsbad, ville de bains située en Bohême. — 2. Die ich hier bin, depuis que je suis ici, depuis mon arrivée. — 3. Klar werden, se retrouver, se
reconnaître. — 4. Thun und Lassen, l'activité et le repos. — 5. Ökonomisches Streben, des efforts pratiques — 6. Sous-entendu Sie.

angenehme Störer die Reise rückgängig machten [1]. Es thut mir wirklich Leid, seine persönliche Bekanntschaft nicht gemacht zu haben; indessen wäre sie mit einem sehr unangenehmen Auftritt erkauft worden, weil Reichardt, wie ich heute von Halle'schen [2] Freunden erfuhr, ihn wirklich hat begleiten wollen. Die unvermeidliche Grobheit, die ich gegen diesen Gast hätte beweisen müssen, würde Voßen in Verlegenheit gesetzt, und wahrscheinlich ganz und gar verstimmt haben.

Die neue Lieferung Cellini [3] hat mich wieder sehr unterhalten. Die Krankheitsgeschichte ist ganz prächtig; auch die Begebenheiten in Florenz interessiren sehr und schließen sich schön an die Geschichte dieses Hauses.

Leben Sie recht wohl. Alle Neune [4] seien mit Ihnen.

Schiller.

—

Goethe à Bettina.

Weimar, den 1sten März 1810.

Liebe Bettine, ich habe mich schon wieder eines Versehens an dir schuldig gemacht, daß ich dir nicht den Empfang deines Tagebuchs angezeigt habe. Du mußt glauben, daß ich eines so schönen Geschenkes nicht würdig bin; indessen kann ich dir nicht mit Worten schildern, was ich darauf zu erwiedern habe. Du bist ein einziges Kind, dem ich mit Freude jede Erheiterung, jeden lichten Blick in ein geistiges Leben verdanke, dessen ich ohne dich vielleicht nie wieder genossen haben [5] würde; es bleibt bei mir verwahrt, an einem Ort, wo ich alle deine lieben Briefe zur Hand [6] habe, die so viel Schönes enthalten,

1. Rückgängig machen : « faire avorter. » — 2. Halle'schen Freunde, amis (de la ville) de Halle. — 3. Cellini, ouvrage que Gœthe écrivait alors. — 4. Alle Neune, « que les neuf sœurs. »

5. Genießen, jouir, goûter; régit à la fois le génitif et l'accusatif. — 6. Zur Hand, sous la main.

wofür ich dir niemals genug danken kann; nur das sage ich dir noch, daß ich keinen Tag vergehen lasse ohne drin zu blättern. An meinem Fenster wachsen, wohl gepflegt, eine Auswahl zierlicher ausländischer Pflanzen. Jede neue Blume und Knospe, die mich am frühen Morgen empfängt, wird abgeschnitten und, nach indischem Gebrauch, als Opfergras in dein liebes Buch eingestreut. Alles, was du schreibst, ist mir eine Gesundheitsquelle, deren krystallne Tropfen mir Wohlsein geben. Erhalte mir diese Erquickung, auf die ich meinen Verlaß habe[1].

Göthe.

___

Goethe à Mme de Stein.

Weimar, den 28sten Februar 1821.

Ein guter Geist, verehrte, theure Freundin, hat auf Sie eingewirkt, als Sie Herrn Geheimen Rath Nagler eine Zeichnung von mir übersendet[2]. Dieser so leidenschaftliche als glückliche Sammler hatte von meinen Kindern bei ihrer Anwesenheit in Berlin ein solches Blättchen verlangt: weil diesen Dingen aber kein künstlerischer, allenfalls nur ein gemüthlicher Antheil abzugewinnen[3], so verschob ich den Wunch zu erfüllen, auch selbst als Meyer bei seiner Rückkehr denselben wiederholt anbrachte[4]. Endlich in diesen Tagen eine Sendung nach Berlin zusammenpakend, legte ich eine solche Skizze bei, die nun schon dort angekommen sein muß; mir ist dieß Zusammentreffen[5] höchst angenehm, da mein Zaudern diese Verdoppelung[6] veranlaßt.

---

1. Seinen Verlaß haben, tournure peu usitée et très-familière : « se reposer, compter sur quelque chose. »
2. Sous-ent. Haben. — 3. Sous-ent. Ist. Comme l'intérêt qui s'attache aux choses de cette nature n'a rien d'artistique, mais est purement moral. — 4. Einen Wunsch wiederholt anbringen, réitérer un vœu. — 5. « Coïncidence. » — 6. Double emploi.

Sehr ungern hört' ich, daß Sie sich einige Zeit übel befan=
den; möge das Frühjahr uns allen gedeihlich werden. Ich habe
mich nothwendig diesen Winter durch gehalten[1], das Haus
nicht verlassen und mit der größten Gleichförmigkeit gelebt;
doch läugne ich nicht, daß ich durch bessere Jahreszeit aus mei=
nem Hausarrest entlassen zu werden und Sie alsdann sogleich
wieder zu begrüßen hoffe.

Mögen Sie meiner mit Theilnahme eingedenk sein und ver=
zeihen der fremden Hand[2], beikommendes Blättchen freundlich
anblickend[3].

Göthe.

—

La Prairie azurée.

Vater. Ich kenne eine große, dunkelblaue Wiese, —

Ernst. Vater, das ist dein Spaß[4], eine solche gibt's ja
nicht: die Wiesen sehen grün aus[5] und nicht blau.

Vater. Meine Wiese sieht aber doch blau aus und ist
größer, als alle Wiesen auf der Welt.

Laura. Habe ich sie gesehen, Vater?

Vater. Ihr alle habt sie gesehen, und bekommt sie alle
Tage zu sehen. Auf meiner Wiese geht jahraus jahrein[6], einen
Tag wie den andern, eine unzählbare Menge großer und kleiner
Schafe auf die Weide, obwohl nichts da wächst.

Anton. Aber, Vater, was machen sie denn dort, wenn
sie nichts zu fressen finden? Die Schafe können doch nicht hun=
gern?

Vater. Meine Schafe und Lämmer fressen nicht und hün=
gern auch nicht.

1. Sich halten, (bien) se tenir, se soigner — 2. Gœthe a dicté cette lettre.
— 3. Allusion à l'envoi d'un dessin.
4. « Tu aimes à plaisanter. » — 5. Aussehen, ressembler, sembler, avoir
l'air. — 6. Jahraus, jahrein, toute l'année.

Emil. Dahinter steckt etwas[1], das sind gewiß keine lebendigen Schafe : denn die müssen doch fressen, sonst verhungern sie.

Vater. Lebendig sind meine Schafe; sie leben schon über tausend Jahre, und immer sind sie noch, wie ehemals, ob sie gleich[2] weder hungern noch dursten.

Emil. Ueber tausend Jahr werden deine Schafe alt, Vater? Das kommt mir wunderbar vor[3]. Die Schafe, hat unser Lehrer gesagt, werden höchstens nur vierzehn Jahre alt.

Vater. Aber es ist doch so, wie ich gesagt habe, liebes Kind. Und schön sind meine Schafe, so schön und glänzend und golden, daß die Schafe in — in — wie heißt das Land, wo die besten Schafe sind ?

Emil. In Spanien ! in Spanien ! Sieh, Vater, ich hab's gemerkt !

Vater. — daß die Schafe in Spanien gar nicht mit ihnen können verglichen werden : denn die ganze Heerde hat goldene Pelze.

Die Kinder sahen einander verwundert an, brachen aber plötzlich in ein lautes Gelächter aus[4] und riefen : „Nein, solche Schafe gibt es nicht. Schafe mit goldenen Fellen ! Wie könnten die schwachen Thiere eine solche Last tragen? Vater, du willst nur sehen, ob wir es glauben."

Vater. Es ist mein Ernst, Kinder. Die Felle schimmern wirklich, wie Gold, so hell und leuchtend, und ihr habt euch schon oft darüber gefreut.

Emil. Vater, sind sie den ganzen Tag auf der Weide? Hört man sie nicht schreien?

Vater. Sie sind zwar den ganzen Tag auf der Weide, aber

1. Il y a quelque chose de caché là-dessous. — 2. Ob sie gleich pour obgleich sie : « quoiqu'elles.... » — 3. Das kommt mir wunderbar vor, « cela me paraît étrange. » — 4. In ein lautes Gelächter ausbrechen, « éclater de rire. »

man sieht sie nicht; auch hat sie niemand schreien gehört.,

Lida. Wann aber der böse Wolf kommt, da schreien sie doch und laufen davon?

Vater. Auf diese Weide kann niemals ein Wolf kommen; und dann haben sie auch einen Hirten, der über sie wacht.

Anton. Einen Hirten? Kann denn der auf so viele Schafe acht geben? Wie sieht er denn aus[2]?

Vater. Der trägt ein schönes, helles, weißes Kleid, das wie Silber glänzt und niemals schwarz wird. Denn ob er gleich weit länger, als tausend Jahre, die Heerde bewacht hat, so ist er doch noch nie eingeschlafen und hat sein Kleid nie ausgezogen. Er bleibt stets hell und munter, und sein Kleid immer rein.

Emil. Nein, daraus kann ich nicht klug werden[3]; das muß ein närrischer Mann sein.

Lida. Der muß ja weder stehen noch gehen können, und blind sein, wie der alte Tobias da drüben[4], der doch erst acht-zig Jahre alt ist.

Vater. Er steht nie still, sondern geht immer unter seinen Schafen umher[5]; auch ist er nicht blind, sondern sieht sehr hell.

Laura. Vater, er schläft gewiß, und du sagst nur so, da-mit wir nicht lange schlafen sollen. Er kann auch schlafen denn seine Hunde werden schon die Heerde bewachen.

Vater. Seine Hunde! Hunde hat er gar nicht und braucht auch keine.

Laura. Aber eine Schalmei hat er doch und bläst darauf?

Vater. Eine Schalmei zwar nicht, aber ein schönes, sil-bernes Horn; blasen kann er aber nicht, und das Horn gibt auch keinen Ton von sich[6].

1. Il serait plus correct de dire : hören. — 2. A quoi ressemble-t-il? — 3. Aus etwas klug werden, se tirer de quelque chose : « je n'y puis rien comprendre. » — 4. Da drüben, en face. — 5. Umhergehen, circuler. — 6. Einen Ton von sich geben, « rendre un son. »

Anton. Nun, das kommt immer[1] wunderlicher: ein Hirt mit seinen Schafen, der über tausend Jahre alt ist; der ein Horn hat und nicht blasen kann; und nie schläft und immer munter ist: das begreife ich nicht.

Emil. Vater, in welchem Lande liegt denn die Wiese wo diese Wunderschafe gehen?

Vater. Sie liegt in gar keinem Lande, sondern geht über alle Länder weg.

Lida. In der Luft also, Vater, in der Luft?

Vater. Ja, da liegt sie.

Lida. Aber wie kommen denn die Schafe dahin? Sie kön=nen doch nicht fliegen!

Vater. O ja! Meine Schafe können in der Luft umherspa=zieren und fliegen, und fallen nicht herunter.

Anton. Nun, die möchte ich fliegen sehen!

Vater. Du kannst sie alle Tag sehen. Wann es Abend wird, kommen sie zum Vorschein[2] und weiden die ganze Nacht.

Emil. Ach, nun weiß ich, wer die goldnen Schafe sind; aber der Hirt —

Vater. Der ist auch bei den Schafen, und wenn ihr ihn sehen wollt; so seht einmal zum Fenster hinaus: denn dort kommt er eben herauf[2].

Alle Kinder. Der Mond! der Mond! O, nun wissen wir's! Und die Sterne sind die Schafe; und die blaue Wiese ist der Himmel! Du hast es uns aber zu schwer gemacht, Va=ter. Aber noch eins[3]! Es war so hübsch; noch eins!

Vater. Morgen, Kinder.

Besseldt.

---

1. Kommt pour wird, immer devient de plus en plus. — 2. « Il se montre en cet instant à l'horizon. » — 3. Noch eins, « encore une histoire. »

Le Lion et l'Agneau.

,,Lamm, wehr' dich, oder ſtirb [1]!'' — ,,Ach, ich mich wehren?
   Mir gab, du weißt's [2] ja, die Natur
   Nicht Waffen! gab mir Unſchuld nur.'' —
,,An deine Unſchuld werd ich mich nicht kehren [3].,, —
,,Thu, was du willſt, ich kann's nicht wehren;
   Nur leiden kann ich fromm und ſtill,
   Wenn Unſchuld mir nicht helfen will.'' —

,,Gefällſt mir, Lamm, mit deinem frommen Muth.
Sollſt leben. Sieh', es reu't mich meine Wuth:
   Wer ſchwacher Unſchuld Leides thut,
In deſſen Adern fließt, fürwahr, kein edles Blut.
Geh, frommes Lamm, und bleibe ferner gut!''

Zachariä.

—

Le petit Navigateur.

Ludwig (mit der Charte von Europa in der Hand). Aus un=
ſerm Rhein geht's [4] in die Nordſee; aus der Nordſee durch die
Straße von Calais in den Kanal von England; und von da
geradezu in das atlantiſche Meer. O, in das große, weite Welt=
meer!

Karl. Guten Morgen! Guten Morgen, lieber Ludwig!
Ludwig (ohne ihn zu hören). Ha, wie die Wellen tanzen!
Wie die Segel pfeifen! Wie die Maſten knarren! Gute Nacht,
Deutſchland! Wenn's [5] Glück gut iſt, fahren wir in acht Tagen
durch die Straße von Gibraltar, dann ins Mittelmeer, darauf
weſtwärts, immer geradezu, und huſch! ſind wir in Amerika.

1. Stirb, impér. de ſterben, mourir. — 2. Weißt's pour weißt es, prés.
de wiſſen, savoir. — 3. Sich an etwas kehren, prendre souci de quelque
chose.
   4. Geht's, on entre. — 5. Wenn's pour : wenn das.

Karl. Guten Morgen, Ludwig! Du siehst und hörst ja nicht. Gewiß hast du dich einmal wieder in Gedanken[1] auf's Weltmeer eingeschifft! Nun, du wirst wohl nicht eher ruhen, als bis dich die Wilden auch, wie den Capitain Cook (Cuhk), todgeschlagen und aufgefressen haben. Hu, mich schaudert[2], wann ich daran denke!

Ludwig. Haha! Du bist ein rechter Feigling! Ist es denn ein so großes Unglück, wenn man, wie der große Cook, dreimal den Erdball umschifft, den Südpol umkreuzt, neue Inseln zu Dutzenden entdeckt und dabei den Tod in tausend Gestalten gesehen hat?

Karl. Ei, was hilft alles Entdecken[3]? Sind denn die armen Wilden, und sind wir Europäer dadurch glücklicher geworden? Und was hat denn am Ende der große Cook von seinen Abenteuern gehabt, oder was hat er dadurch für Vortheile geschafft?

Ludwig. Wichtige Vortheile, lieber Karl, wichtige Vortheile! Weißt du denn nicht mehr, was wir neulich in der Erdbeschreibung gehört haben? Cook hat vieles in der Erdbeschreibung berichtigt, die Schifffahrt im ungeheuren Südmeere sicherer gemacht, europäische Sitten, Künste, Kenntnisse und Naturprodukte in die neuentdeckten Länder verpflanzt.

Karl. Das mag alles schön und gut sein; ich verstehe das Ding noch nicht recht. Aber ich möchte doch wissen, was Cook selbst davon für einen Gewinn hatte.

Ludwig. Muß man denn von allem Großen, das man durchsetzt, auch selbst Gewinn haben[4]? Und wenn er keinen davon hatte, so verdient er ja desto mehr Bewunderung. Aber hat er sich denn nicht einen unsterblichen Ruhm erworben?

Karl. O, ich danke für einen solchen Ruhm. Sich dafür

1. In Gedanken, « par la pensée. » — 2. Mich schaudert, « je frémis. » — 3. Was hilft alles Entdecken, à quoi servent toutes les découvertes? — 4. « Faut-il donc que l'on retire un profit personnel de toutes les grandes choses qu'on mène à bonne fin? »

zehn Jahre lang auf dem wilden Meere umherzutreiben [1]; bald mit den fürchterlichsten Stürmen, bald mit Hungersnoth und Seekrankheit, bald mit Ungeheuern und Menschenfressern zu kämpfen; bald unter der brennendsten Sonnenhitze zu ver=schmachten, bald zwischen Eisbergen vor Kälte zu erstarren, und dann am Ende von empörten Wilden gefressen zu werden!

Ludwig. Karl, Karl, mache mich nicht böse [2]! Hast du denn nicht gehört, was Cook alles durchgesetzt und entdeckt hat? Und hast du keine Achtung vor einem kühnen Seehelden, der mit kaltem Blute dem Tode trotzt, der sich die Ruhe und Bequemlichkeiten des häuslichen Lebens versagt, mit Stürmen und Ungewittern kämpft und in der Gefahr sich zu helfen weiß? Kommt dir das nicht groß und herrlich vor?

Karl. Recht gut; aber gibt's denn nicht auf dem festen Lande und in der bekannten Welt so viel Großes und Nützli=ches zu thun? So viele Gelegenheit, seinen Muth und seine Standhaftigkeit zu üben und sich um seine Nebenmenschen verdient zu machen?

Ludwig. Das wohl, lieber Karl; aber über einen kühnen Seehelden geht doch nichts! Ha, wenn ich nur erst meine Flagge von einem Neunzig = Kanonenschiffe könnte wehen lassen!

Karl. Sachte [3] sachte, kleiner Herr Admiral, nur nicht zu hoch hinaus [4]!

Ludwig. Meinst du wohl, Karl? Nun, sei nur ruhig: ich nehme dich mit auf der ersten Entdeckungsreise.

Karl. O, ich danke schön! Ich mag nicht um nichts und wieder nichts mit Stürmen und Gefahren, mit Hunger und Durst, mit Hitze, Kälte und Seekrankheit kämpfen. Ich werde doch wohl in meinem Vaterlande genug zu thun finden.

Ludwig. Immerhin; aber da wirst du nimmermehr so ein

1. Sich umhertreiben, errer. — 2. Ne m'échauffe pas la bile. — 3. Dou-cement. — 4. Ne montez pas trop haut.

braver, fester Kerl werden, wie ich auf der See. Ha, denk' dir
einmal die Lust, wenn man so auf dem weiten, offenen Meere
dahinrauscht, um und über Einem[1] nichts als Himmel und
Wasser! Und dann wie viel Wunder der Natur bekommt man
da zu sehen, die ihr trocknen Herren kaum vom Erzählen kennt?
Denke dir einmal so einen Wallfisch, wie ein Haus groß; oder
den prächtigen Anblick, wenn die untergehende Sonne den
Gipfel des Picosa-Teneriffa noch erleutet, indem alles um
ihn herum schon mit Nacht bedeckt ist! — Und die Gefahren,
Karl, die machen stark und beherzt; daher sind auch die See-
leute immer so munter und kräftig.

Karl. Ei, wir Leute auf dem festen Lande sind auch nicht
lauter Weichlinge.

Ludwig. Und was kann man da nicht alles mit eignen
Augen sehen und mit eignen Ohren hören! Denke dir einmal
die wundervolle Mannigfaltigkeit von Ländern, von Menschen,
Thieren, Pflanzen und Kunstsachen! Muß man da nicht recht
viel lernen und ein geschickter Mann werden können? Ich will
dabei auch wohl Gutes für andere thun; will mich meiner
Schiffskameraden annehmen[2]; will keine Wilden ohne Noth
erschießen und ihnen mit Allem, was ich kann und weiß,
recht gern dienen. Siehst du nun, Karl, daß ich's vernünftig
anfange[3]?

Karl. Wenn du nur Wort hältst. Das Seefahrerleben
macht auch roh und grausam, hab' ich gehört. Der Kapitain
Cook soll ja selbst zuletzt recht hart mit den armen Wilden um-
gegangen sein[4]. Ludwig, Ludwig! Wenn ich so etwas ein einzi-
gesmal von dir höre, so will ich dich gar nicht mehr lieb haben.

1. Um und über Einem, liitér. : autour et au-dessus d'un, autour et au-
dessus de nous. — 2. Sich annehmen, avec le génitif: « s'intéresser à. »
— 3. Es vernünftig anfangen : « s'y prendre raisonnablement. » — 4. Mit
jemanden hart umgehen : « traiter quelqu'un durement. »

Ludwig. Sei unbesorgt, guter Junge. Mir hat's wohl auch wehegethan, wann ich von Grausamkeiten hörte [1], die sich die Seefahrer gegen die Wilden erlaubten; so etwas könnte ich um Alles in der Welt nicht begehen!

Karl. Nun, so gefällst du mir. Gib mir die Hand darauf, daß du es ja nicht vergißt. Und wenn du denn durchaus auf dem trocknen Lande nicht ausdauern [2] kannst, nun so fahre hin! Ich mag nicht mit dir [3]; aber ich sehe wohl, es muß zu allen Ständen und Lebensarten eigenthümliche Menschen geben. Das hat auch der liebe Gott recht gut gemacht, daß er dem einen hierzu, dem andern dazu Trieb und Anlage gegeben hat [4]. Geh du also auf das furchtbare Meer; ich will indessen fleißig lernen und arbeiten, damit ich ein stiller, nützlicher Geschäftsmann in meinem Vaterlande werde. Und damit ich doch auch etwas bei deinen Seefahrten gewinne, so kannst du mir ja Naturselfenheiten mitbringen, oder auch, wenn du einmal im Südmeere eine hübsche Insel entdeckst, sie nach meinem Namen nennen. Hörst du, lieber Ludwig?

Ludwig. Haha! Verewigen willst du dich wohl gern, aber nichts Großes dafür thun und dulden. Nun, es kommt mir nicht darauf an [5]! du bist mein Freund; die erste Insel, die ich entdecke, soll deinen Namen führen.

Campe.

Le Chameau et le Chat.

,,Willkommen, Bruder! — ,,Wie, dein Bruder ich?" —

    ,,Nun ja doch. Sieh' nur, zieret mich

    Ein Buckel nicht so schön, wie dich? —

,,Mag sein; doch, kann der deinige auch tragen,

---

1. Reden (parler), sous-ent. — 2. Ausdauern, y tenir. — 3. Sous-ent. gehen. — 4. Einem Trieb und Anlage geben : « doter quelqu'un d'instincts et de dispositions. » — 5. Es kommt nicht darauf an : littér. « il ne s'agit pas de cela, » c'est-à-dire : « je n'y regarde pas de si près. »

Was meiner trägt?'' —

„Das sollst du mich nicht zweimal fragen :
Nur her damit[1] ! Ich werd' es spielend tragen.'' —
„Bedenke, Thor, mein Pack ist fast für mich zu schwer.'' —
„O welch' Gerede! Doch nur her,
Nur her damit !'' — „Es sei! Tritt[2] näh'r;
Da ist's.'' — „O weh mir! welche Bürde;
Ich bin zerquetscht!,, — „Schon recht; wer nach der Würde
Der Großen strebt, der fühl' auch[3] ihre Bürde!''

Campe.

Le Tribunal secret.

Richter des heimlichen Gerichts. (Alle vermummt.)

Aeltester. Richter des heimlichen Gerichts, schwört auf Strang und Schwert unsträflich zu sein, zu richten im Verborgenen, Gott gleich! Sind eure Herzen rein und eure Hände, hebt die Arme empor, ruft über die Missethäter : Wehe! Wehe!

Alle. Wehe! Wehe!

Aeltester. Rufer, beginne das Gericht.

Rufer. Ich Rufer rufe die Klag' gegen den Missethäter. Dessen Herz rein ist, dessen Hände rein sind zu schwören auf Strang und Schwert, der klage bei Strang und Schwert : klage! klage!

Kläger (tritt vor). Mein Herz ist rein von Missethat, meine Hände von unschuldigem Blut; verzeihe mir Gott böse Gedanken und hemme den Weg zum Willen. Ich hebe meine Hand auf und klage! klage! klage!

Aeltester. Wen klagst du an?

Kläger. Klage an auf Strang und Schwert Adelheiden von

---

1. Passe-moi cela. — 2. Tritt, 2ᵉ pers. s. impératif de treten, marcher; tritt näher, approche, *propius veni.* — 3. Der fühl' auch, qu'il sente aussi.

Weislingen. Sie hat Ehebruchs sich schuldig gemacht; ihren Mann vergiftet durch ihren Knappen. Der Knapp' hat sich selbst gerichtet, der Mann ist todt.

Aeltester. Schwörst du zu dem Gott [1] der Wahrheit, daß du Wahrheit klagst!

Kläger. Ich schwöre.

Aeltester. Würd' es falsch befunden, beutst [2] du deinen Hals der Strafe des Mords und des Ehebruchs?

Kläger. Ich biete.

Aeltester. Eure Stimmen. (Sie reden heimlich mit ihm.)

Kläger. Richter des heimlichen Gerichts, was ist euer Urtheil über Adelheiden von Weislingen, bezüchtigt [3] des Ehebruchs und Mords?

Aeltester. Sterben soll sie [4]! sterben des bittern doppelten Todes; mit Strang und Dolch büßen, doppelt, doppelte Missethat. Streckt eure Hände empor, und rufet : Weh über sie! Weh! Weh! in die Hände des Rächers.

Alle. Weh! Weh! Weh!

Aeltester. Rächer! Rächer, tritt auf.

Rächer (tritt vor).

Aeltester. Fasse hier Strang und Schwert, sie zu tilgen, von dem Angesicht des Himmels, binnen acht Tage Zeit. Wo du sie findest, nieder mit ihr in den Staub [5]. — Richter! die Ihr [6] richtet im Verborgenen, Gott gleich, bewahrt euer Herz vor Missethat und eure Hände vor unschuldigem Blut!

Göthe.

1. Zu dem Gott, « par le Dieu.... » — 2. 2ᵉ pers. s. p. ind. poétique de bieten, offrir. — 3. Accusée. — 4. Qu'elle meure. — 5. Nieder mit ihr, littér. : à bas avec elle ; qu'elle roule dans la poussière. — 6. Die Ihr, vous qui.

Les Guerriers mourants.

Der Dänen Schwerter drängen Schwedens Heer
    Zum wilden Meer [1];
Die Wagen klirren fern, es blinkt der Stahl
    Im Mondenstrahl.
Da liegen, sterbend, auf dem Leichenfeld
Der schöne Sven, und Ulf der graue Held.

Sven.

O Vater, daß mich in der Jugend Kraft
    Die Norne rafft [2]!
Nun schlichtet [3] nimmer meine Mutter mir
    Der Locken Zier;
Vergeblich spähet meine Sängerin
Vom hohen Thurm in alle Ferne hin.

Ulf.

Sie werden jammern, in der Nächte Graun
    Im Traum uns schaun.
Doch sei getrost! bald bricht der bittere Schmerz
    Ihr treues Herz.
Dann reicht die Buhle [4] dir bei Odins Mahl [5]
Die goldgelockte, lächelnd den Pokal.

Sven.

Begonnen hab' ich einen Festgesang
    Zum Saitenklang,

---

1. Allusion aux luttes des Danois et des Suédois au moyen âge. — 2. Les
Nornes étaient les Parques des Scandinaves. — 3. Schlichten, arranger. —
4. Die Buhle, l'amante. — 5. Les guerriers morts en combattant devenaient
les convives d'Odin.

Von Königen und Helden grauer Zeit
    In Lieb' und Streit.
Verlassen hängt die Harfe nun, und bang
Erweckt der Winde Wehen ihren Klang.

Ulf.

Es glänzet hoch und hehr im Sonnenstrahl
    Allvaters [1] Saal,
Die Sterne wandeln unter ihm, es zieh'n
    Die Stürme hin.
Dort tafeln mit den Vätern wir in Ruh,
Erhebe dann dein Lied und end' es du!

Sven.

O Vater, daß mich in der Jugend Kraft
    Die Norne rafft!
Noch leuchtet keiner hohen Thaten Bild
    Auf meinem Schild.
Zwölf Richter thronen, hoch und schauerlich,
Die werthen [2] nicht des Heldenmahles mich.

Ulf.

Wohl wieget eines viele Thaten auf [3], —
    Sie achten drauf —
Das ist um deines Vaterlandes Noth
    Der Heldentod.
Sieh hin! die Feinde fliehen; blick hinan!
Der Himmel glänzt, dahin ist unf're Bahn.
                  Uhland.

1. Allvater, surnom d'Odin, considéré comme père des hommes.—2. Werthen, verbe poétique, « juger digne. » — 3. Aufwiegen, peser plus, « l'emporter. »

Scènes de l'Épigramme.

Ein Luſtſpiel[1].

Perſonen : Frau Kanzlei-Direktorin Löwe; Caroline, ihre Stief-
tochter; Hauptmann Klinker; Kammerrath Hippeldanz, ꝛc.

(Der Schauplatz iſt in einer deutſchen Reſidenz.)

Dritter Akt. Achte Scene.

Hippeldanz allein[2].

Ich lobe mir[3] das Fleiſch, (er faltet die Hände über den Bauch)
und, dem Himmel ſei Dank, ich eſſe viel Fleiſch; es gedeihet
denn auch ſo ziemlich. Wenn man nur den Kopf ſchont, und ſich
vor Aerger[4] hütet, o, da kann man viel verdauen. — Aerger?
ja, heute wird es wohl nicht ganz ohne Aerger ablaufen. —
Was wird die hoffärtige Schwiegermama ſagen, wenn ich der
Mamſell Tochter den Korb bringe[5]? Ich thue es eben nicht
gern; aber Wort muß man halten. — (Nach einigem Nachdenken).
Hm! und warum muß man Wort halten? Ich frage warum?
— Es iſt Herkommens[6]! — Ich könnte mich wohl darüber
wegſetzen, denn ich habe Geld, wie[7]? Aber den Buſch könnte
der Teufel reiten[8], daß er plauderte; und wo bliebe dann der
Geheime Kammerrath[9]? — Die Ehre, die Ehre geht über
alles.

---

1. Pièce écrite vers l'an 1800. — 2. Hippeldanz, conseiller riche et sot
d'un prince d'Allemagne, doit renoncer, pour prix d'un Mémoire que lui a
cédé le docteur Busch et qu'il veut présenter sous son nom, à la main de
Mlle Lœwe, qu'une belle-mère hautaine lui avait accordée. — 3. Ich lobe
mir, j'estime. — 4. Der Ärger, la colère. — 5. Den Korb bringen, donner
un refus, se dédire. — 6. C'est la tradition, c'est l'usage. — 7. N'est-ce pas.
— 8. Pourrait avoir le diable au corps. — 9. Le titre de conseiller intime.

Neunte Scene.

Hippeldanz und Madame Löwe.

M. Löwe. Willkommen, Herr Schwiegersohn. Die Anstalten zu dem heutigen Feste sind getroffen.

Hippeldanz (sehr verlegen). Ei, ei. — Die Frau Kanzlei-Directorin haben ein Fest veranstaltet?

M. Löwe. Saltsame Frage!

Hippeldanz. Und seltsame Fragen entspringen aus wunderlichen Dingen.

M. Löwe. Was soll das heißen?

Hippeldanz. Der Weg zum Ehestande ist holpericht, wie eine sächsische Landstraße; man wirft um [1], ehe man sich's versieht [2].

M. Löwe. Ei, man muß nur nicht so langsam darauf fahren, wie eine sächsische Extrapost.

Hippeldanz. Eile mit Weile [3]!

M. Löwe. Nun, ich denke Sie haben eben nicht geeilt.

Hippeldanz. Darum bin ich denn auch noch weit vom Ziele.

M. Löwe. Herr Kammerrath —

Hippeldanz. Meine theure Frau Ex-Schwiegermama! erlauben Sie, daß ich mich freimüthig exspektorire [4].

M. Löwe. Nach Belieben, nur schonen Sie meiner Geduld.

Hippeldanz. Man soll sich vermählen -- man hat diesem Schritte nachgedacht.

M. Löwe. Vorher oder nachher?

Hippeldanz. Man hat vorher nicht allemal Zeit nachzudenken.

---

1. On verse. — 2. Avant de s'y attendre. — 3. Hâte-toi lentement. —
4. Sich exspektoriren, s'expliquer.

M. Löwe. Ist auch beim Heirathen nicht gebräuchlich.

Hippeldanz. Ich bin geboren anno domini 1750.

M. Löwe. Haben also Zeit gehabt klug zu werden.

Hippeldanz. Das wohl — aber —

M. Löwe. Wahrhaftig, ein drolliges Aber.

Hippeldanz. Ich bin doch wirklich zu alt für Ihre Mam=sell Tochter.

M. Löwe. So muß Caroline Sie Papa nennen.

Hippeldanz. Und kränklich ist man auch —

M. Löwe. Das ist gerade nicht ihre schlimmste Eigenschaft.

Hippeldanz. Man stirbt, man hinterläßt eine junge Wittwe —

M. Löwe. Die untröstlich sein würde.

Hippeldanz. Eben deswegen.

M. Löwe. Mein Herr, was sind das für Winkelzüge[1]?

Hippeldanz. Sollte an der Deutlichkeit noch etwas er=mangeln?

M. Löwe. Sie ziehen Ihr Wort zurück?

Hippeldanz. Behüte der Himmel! Ich bin nur so frei Ihnen das Ihrige zurück zu geben.

M. Löwe. Sind Sie von Sinnen[2]?

Hippeldanz. Keineswegs.

M. Löwe. Sie wagen es unser Haus zu beschimpfen.

Hippeldanz. Wir bleiben ja gute Freunde.

M. Löwe. Zum Henker mit ihrer Freundschaft!

Hippeldanz. Den Kaviar[3] verzehren wir mit einander.

M. Löwe. Zum Fenster hinaus mit Ihrem Kaviar!

Hippeldanz. Ei ja, warum nicht gar! Das wäre ein Schmaus für die Gassenbuben.

M. Löwe Sie handeln wie ein Kind.

---

1. Der Winkelzug (la fuite aux recoins), détours. — 2. Avez-vous perdu la raison. — 3. Le *caviar*, mets russe très-estimé.

Hippeldanz. Bin 1750 geboren —

M. Löwe. Sind ein inconsequenter Mensch, ein Narr!

Hippeldanz. Ein Narr? Frau Ex-Schwiegermama, das ist zu viel! Ich mit meinem Gelde, ein Narr, wie?

M. Löwe. Ein versilberter Narr! Eine Puppe die nach jeder Pfeife tanzt.

Hippeldanz. Ich tanze gar nicht.

M. Löwe. Wenn es der Mühe werth wäre, mit solchen Automaten einen Prozeß anzufangen —

Hippeldanz. Automat? Das wird wohl wiederum eine andere Gattung von Narren sein?

M. Löwe. Gehen Sie mir aus den Augen!

Hippeldanz. Von Herzen gern.

M. Löwe. Und betreten Sie meine Schwelle nie wieder.

Hippeldanz. Werde mich hüten.

M. Löwe. Wenn Sie jemand fragt, warum Ihre Verlobung rückgängig geworden, so antworten Sie: Ich hätte Ihnen den Korb gegeben[1]; ich, ich! verstehen Sie?

Hippeldanz. Ja, aber warum?

M. Löwe. Weil Sie ein alberner Mensch sind.

Hippeldanz. Das glaubt ja niemand.

M. Löwe. Der nichts hat als Geld.

Hippeldanz. Eben deswegen. Was soll ich denn noch mehr haben, als Geld?

M. Löwe. Ein Quentchen Gehirn; das wiegt schwerer als ein Sack mit Dukaten.

Hippeldanz. Ein Quentchen? Sie spaßen.

M. Löwe. Gehen Sie, oder ich vergreife[2] mich an Ihrem leeren Hirnkasten.

Hippeldanz. (zurücktretend). Ei was! es kann ja nicht

---

1. Einen Korb geben, donner un refus. — 2. Sich vergreifen, s'oublier faire un mauvais coup.

alles voll sein, wie? Geldkasten und Hirnkasten zu gleicher
Zeit. (Ab).

M. Löwe (allein). Verwünschter Thor! Aber so geht es in
der Welt. Die gescheiten Leute säen und pflanzen, und, ehe
man sich's versieht[1], kommt ein Esel und tritt alles zu Füßen.

Vierter Act. Fünfte Scene.

Madame Löwe; Caroline; Hauptmann Klinker;

Hippeldanz (tritt ein).

M. Löwe. Wie, Herr Kammerrath? nach einem solchen Af-
front[2] wagen Sie noch mein Haus zu betreten?

Hippeldanz. Ich komme ganz zerknischt.

M. Löwe. Sie sollten aber gar nicht kommen, auch nicht
einmal zerknischt.

Hippeldanz. Ein Platzregen hat mich getroffen.

M. Löwe. Hier gerathen Sie unter die Traufe.

Hippeldanz. Das sei ferne! Ich bin ein armer betrogener
Mensch!

M. Löwe. Betrogene sind meistens Dummköpfe.

Hippeldanz. Dieser Herr Hauptmann — eine Grube hat
er gegraben, und man ist hinein gefallen.

Klinker. Ich?

Hippeldanz. Sie, Freundchen! haben Sie mir nicht den
verdammten Busch rekommandirt? Haben gesagt, daß er gar
nichts wäre; — ein Spitzbube ist er!

Klinker. Vor kurzem[3] schienen Sie doch recht sehr zufrieden mit ihm.

Hippeldanz. Ein Narr war ich, wie?

1. Avant qu'on s'en aperçoive; sich's versehen, s'y attendre.
2. Le mot allemand est Schimpf. — 3. Il y a quelque temps.

M. Löwe. Erzählen Sie doch. Gewiß hat der böse Mensch auch ein Epigramm auf Sie gemacht?

Hippeldanz. Was Epigramm? Meinetwegen hätte er ein Heldengedicht auf mich machen mögen.

Klinker. Das wäre ein Meisterstück.

Hippeldanz. Ich kaufe ihm ein Gutachten [1] ab —

M. Löwe. Sie kauften?

Hippeldanz. Nun ja, das Feuer brannte auf die Nägel [2]?

M. Löwe. Und er verkaufte? o pfui!

Klinker. Fragen Sie um den Preis und nehmen Ihr Pfui zurück.

Hippeldanz. Ein verdammter Preis! Ich mußte versprechen, das schöne Kind da sitzen zu lassen.

Klinker. Und wenn die Mamsell sich nun zu Tode gekränkt [3] hätte!

Hippeldanz. Eben deswegen. Ein verdammter Preis!

M. Löwe. Das war also die saubere Ursache?

Caroline. (Bei Seite.) Was hör' ich! o August!

M. Löwe. Und betrog Sie dennoch mit einem elenden Gewäsch [4]? Es geschah Ihnen Recht.

Hippeldanz. Elendes Gewäsch? Den Henker auch! mein Ambrosius sagt: Das Ding hat Hände und Füße [5].

Klinker. Und Kopf obendrein.

Hippeldanz. Er hatte Jahre lang daran gearbeitet.

Klinker. Hatte die Hoffnung seiner Beförderung daran gesetzt.

Caroline (sehr bewegt). Und opferte es für meine Freiheit!

Hippeldanz. Er gab mir sein Wort reinen Mund [6] zu

1. Das Gutachten, l'avis. — 2. J'avais le feu (aux ongles), à mes trousses. — 3. Sich zu Tore kränken, mourir de chagrin. — 4. Gewäsch barbouillage. — 5. Littér.: a mains et pieds, est bien tourné. — 6. Reiner Mund, bouche (pure) close.

halten; aber so ein Mensch ohne Geld und ohne Titel, was ließ sich da erwarten? wie?

Klinker. Geplaudert hat er also? (bei Seite) oder ich.

Hippeldanz. Freilich! hören Sie nur. Ich werde schleunig nach Hofe berufen. Aha! denke ich, willkommen Herr Geheimer Kammerrath. Mit bescheidener Zuversicht trete ich vor den Für=sten. Er sieht mich lange an und spricht kein Wort. Sein Wind=spiel schnuppert an mir herum; aus Verlegenheit kratze ich es hinter den Ohren. — „Von wem ist dieses Gutachten?" fragt der Fürst. — „Von mir, Euer Durchlaucht." — „Können Sie mir die Hauptideen mündlich wiederholen?" — Nun reden Sie, Freundchen! was ist das? was weiß ich von Hauptideen?

Klinker. Seine Durchlaucht sind auch der erste, der welche bei Ihnen sucht.

Hippeldanz. Eben deswegen. Ich stottere und weiß mir nicht zu helfen. — „Ich will wissen, fährt er fort, worauf sich Ihre Gedanken concentriren?" — Nun bitte ich Sie, Freund=chen, meine Gedanken, worauf concentriren sie sich denn?

Klinker. Eine seltsame Zumuthung.

Hippeldanz. Ich dachte, kluge Leute schweigen — und schwieg. — Plötzlich donnert er mir in die Ohren : „Sie sind ein Unverschämter! Ich entlasse sie Ihrer Dienste!"

M. Löwe. Entlassen?

Hippeldanz. Bedenken Sie, Freundchen, ich der reichste Mann im Lande, ein Unverschämter!

Klinker. Als ob Scham für den Reichthum erfunden wäre.

Hippeldanz. Vor Schrecken kniff ich das Windspiel in die Ohren; es schrie und biß mich in die Finger. Halbtodt kam ich ins Vorzimmer; ein verdammter Page hatte gehorcht, die Satans [1] gratuliren mir. Als ich auf die Straße komme, lau=

---

1. Pluriel en ⸗ que l'on rencontre quelquefois dans le langage usuel.

fen mir die Gaſſenbuben nach. — Was wars? — die gottloſen
Pagen hatten mir einen papierenen Haarbeutel [1] angeheftet.

M. Löwe (verneigt ſich). Herr Ex-Kammerrath! Ha! ha!

Hippeldanz. Hat nichts zu bedeuten [2], ſo lange es nur
mit dem Gelde nicht ex iſt. Buſch hat geplaudert, folglich bin
ich an nichts gebunden. Was meinen Sie, Mütterchen? wir
thun, als ob nichts vorgefallen wäre. Der Kaviar iſt da, die Pa-
ſtete noch unberührt; ich kaufe mir einen andern Titel, und wir
feiern die Verlobung.

M. Löwe. Zwar ſollte ich Ihr heutiges Betragen ſtrenge
ahnden — doch, dem Herrn Buſch zu Poſſen [3] es ſei darum.
Denn — merke es, Caroline — ehe ich deinem Landſtreicher
verzeihe, ehe vermähle ich dich mit dem Neptun, der auf unſerm
Brunnen ſteht (ab).

Hippeldanz. Neptun? was will Sie damit ſagen? ich will
nicht hoffen daß Sie mich für den Neptun anſieht?

Klinker. Wenn Sie noch geſagt hätte: der reiche Pluto.

Caroline. Neptun oder Pluto; ſo lange ich eine Sterbliche bin, werde ich nie die honneurs an Ihrer Tafel machen (ab).

Hippeldanz. Sterbliche! was will Sie damit ſagen? wir
ſind ja alle ſterblich. Es iſt recht fatal, wenn die Leute ſo in
Bildern reden. Neptun, Pluto, Sterblichkeit, Kraut und
Rüben. Kraut und Rüben! Leben Sie wohl, Freundchen; der
Schrecken hat mir Appetit gemacht. Ich muß mich ein wenig
reſtauriren; und dann ein Schläfchen, wie?

Klinker. Verſchlafen [4] Sie nur die Verlobung nicht.

Kotzebue.

———

1. **Haarbeutel**, bourse à cheveux. — 2. Cela ne fait rien, n'importe. —
3. Pour moquerie, pour vexer. — 4. Verſchlafen, oublier ou perdre en
dormant.

Scènes de la Petite Ville.

Ein Lustspiel[1].

Personen: Herr Nicolaus Staar, Bürgermeister, auch Oberältester zu Krähwinkel; Frau Unter-Steuer-Einnehmerin Staar, seine Mutter, Sabine, seine Tochter; Herr Vice-Kirchen-Vorsteher Staar, sein Bruder, ein Gewürzkrämer; eine Magd; ein Bauer, ꝛc.

(Der Schauplatz ist in der kleinen Stadt Krähwinkel.)

Erster Act. Sechste Scene.

Bürgermeister. Sabine, hole mir die Perrücke, ich muß auf's Rathhaus[2].

Sabine. Gleich, lieber Vater. (Ab.)

Bürgermeister. Sein Diener, Herr Bruder. Ein saurer Tag! ich muß arbeiten wie ein Ackergaul[3].

Herr Staar. Was gibt es denn?

Bürgermeister. Liegt denn nicht alles auf[4] mir? das Wohl der ganzen Stadt? — der Prozeß, den Meister Barsch mit dem Nachtwächter führt, wegen der zerbrochenen Laterne, wird heute entschieden.

Herr Staar. Wer hat gewonnen?

Bürgermeister. Der Nachwächter muß die Lanterne repariren lassen, und Meister Barsch bezahlt die Gerichtskosten, 4 Thaler 8 Groschen[5].

Frau Staar. Das ist billig.

Bürgermeister. Der Schuster Korb und der Schneider Lümmel werden heute auch vorgenommen, wegen der Prügelei im Bierhause.

---

1. Satire ingénieuse des ridicules des habitants d'une petite ville d'Allemagne au commencement de ce siècle. — 2. Sous-ent. gehen. — 3. Ackergaul, cheval de labour. — 4. Liegen auf, peser sur. — 5. Le thaler vaut 3 fr. 75 c.; 8 gros valent 1 franc.

Frau Staar. Was giebts denn da?

Bürgermeister. Beide behalten ihre Prügel und zahlen Strafe.

Frau Staar. Von Rechtswegen.

Bürgermeister. Dann ist noch die wichtige Sache mit der ganzen Bürgerschaft.

Herr Staar. Wegen des Straßenfegens?

Bürgermeister. Ganz recht. Der hochlöbliche Magistrat will nun einmal nicht die Straßen fegen. Es ist ein Onus der Bürgerschaft; sie hat sich von jeher mit dem Straßenkothe be= faßt, und der hochlöbliche Magistrat wird sich drein legen[1] so lange, bis die Widerspenstigen ihre Pflicht thun.

Frau Staar. Ein jeder fege vor seiner Thür, das ist ein altes Sprichwort.

Bürgermeister. Nein, Frau Mutter, ich bin Bürgermei= ster, auch Oberältester, und fege nicht vor meiner Thür. Sie mögen nur appelliren, der Koth bleibt liegen. Und sollte der Prozeß zwanzig Jahre dauern, der Koth rührt sich nicht von der Stelle.

Herr Staar. Auf Recht muß man halten.

Bürgermeister. Wohlgesprochen, Herr Bruder.

Frau Staar. Aber am Ende können wir nicht mehr vor die Hausthür.

Bürgermeister. Thut nichts[2], wir bleiben daheim, dann mögen sie sehen, wie sie auf dem Rathhause fertig werden. Standhaft bin ich wie die babylonische Mauer. Was wäre auch schon längst aus unsern Vorrechten geworden, wenn ich nicht da gewesen wäre? Wer hat es so weit gebracht, daß wir morgen das hohe Fest feiern können? Ich! ich bin durchge= drungen, ich habe die Ehre der Stadt gerettet!

____

1. Sich drein legen, se mettre dans s'en mêler. — 2. Familier pour es thut nichts.

Siebente Scene.

Sabine mit der Perrücke. Vorige.

Sabine. Da ist die Perrücke.

Frau Staar. Es bleibt doch dabei, mein Sohn, daß morgen zugleich Sabinchens Verlobung gefeiert wird?

Bürgermeister. Allerdings. Es ist ein merkwürdiger Tag.

Frau Staar. Das Mädchen macht Einwendungen.

Bürgermeister. Was? ich bin Bürgermeister, auch Ober-ältester; mir macht man keine Einwendungen.

Sabine. Lieber Vater!

Bürgermeister. Erst die Pflicht, dann die Liebe. Ich gehöre dem Staate. Mir gebührt es, ein Fest zu verherrlichen, das noch unsern Urenkeln Segen bringen wird. (Indem er die Perrücke aufsetzt.) Die Jurisdiction zwischen unserer guten Stadt Krähwinkel und dem benachbarten Amte Rummelsburg war strittig : eine Diebin wurde eingefangen, wir wollten sie an den Pranger stellen, die Rummelsburger gleichfalls; wir wollten sie mit Ruthen streichen, die Rummelsburger gleichfalls. Neun Jahre lang haben wir processirt; die Delinquentin ist indessen wohlverwahrt worden; Gott sey Dank! sie lebt noch; wir siegen, und morgen steht sie am Pranger.

Sabine. Lieber Vater, der Delinquentin kann fast nicht schlimmer zu Muthe seyn, als mir[1].

Bürgermeister. Wie so?

Sabine. Wenn sie ihre Strafe überstanden hat, so ist sie frei. Ich habe nichts verbrochen[2], und soll morgen auf ewig in Ketten geschmiedet werden.

---

1. « La délinquante ne saurait être dans de plus grandes perplexités que moi. » — 2. Ich habe nichts verbrechen, je n'ai commis aucun délit.

Bürgermeister. Sei ruhig, mein Kind. Der heidnische Gott Amor oder Hymenäus schmiedet nur Blumenfesseln.

Sabine. Ach! die nicht selten das Herz wund drüken.

Bürgermeister. Der Herr Bau=, Berg= und Weginspektor=Substitut Sperling ist ein Mann bei der Stadt.

Frau Staar. Das hab' ich auch gesagt.

Bürgermeister. Es fehlt ihm keineswegs am Judicio.

Herr Staar. Das hab' ich auch gesagt.

Bürgermeister. Er hat Vermögen.

Frau Staar. Meine Worte[1]

Bürgermeister. Schreibt allerlei poetische Exercitia.

Herr Staar. Mir[2] aus der Seele gesprochen.

Bürgermeister. Kurz, ich habe denselben zu meinem Schwiegersohn erkieset[3], wogegen keine weitere dilatorische Einrede Statt findet.

Sabine. (Bei Seite.) Weh mir! Alles hat sich gegen mich verschworen.

Achte Scene.

Die Magd. Die Vorigen.

Magd. Da bringt eben ein Bauer einen Brief. Der Herr, der ihn schickt, liegt draußen im Steinbruch und flucht. Er hat den Wagen zerbrochen, und ich glaube auch ein Bein.

Bürgermeister. Seit ich Bürgermeister, auch Oberältester bin, ist, dem Himmel sei Dank, noch in jeder Woche auf unserer Straße ein Reisender umgeworfen worden.

Frau Staar. Warum läßt denn aber ein hochedler Rath[4] die Wege nicht repariren?

Bürgermeister. Was soll denn aus unsern Schmieden

1. Ce sont mes paroles. — 2. Pour : das ist mir, etc. — 3. Choisi.
4. Le très-noble conseil (tournure respectueuse).

und Sattlern werden, die vom Umwerfen leben müssen? Das ist alles berechnet.

Sabine. Aber, lieber Vater, die Reisenden klagen gewaltig. Sie müssen noch obendrein Chausseegeld [1] bezahlen.

Bürgermeister. Laß sie klagen und zahlen. Was wollen die Reisenden reden, wenn wir uns sogar gefallen lassen, daß das Pflaster unserer guten Stadt Krähwinkel noch weit schlechter ist, als die Landstraße?

Sabine. Trotz des Pflastergeldes.

Bürgermeister. Eben deswegen. Wir brechen hier auch die Beine und murren nicht. Also, wo ist der Brief?

Magd (öffnet die Thür). Nur herein, guter Freund. (Sie geht ab.)

Neunte Scene.

Ein Bauer. Die Vorigen.

Bauer. Ew. Gestrengen halten zu Gnaden [2]. Draußen im Steinbruch liegt ein Herr, muß wohl ein vornehmer Herr seyn, denn er hat auch Laternen am Wagen, die sind alle zerbrochen.

Bürgermeister. Und Arm und Beine?

Bauer. Die sind für diesmal noch ganz geblieben. Nur die Nase ein wenig geschunden.

Bürgermeister. Aber der Wagen?

Bauer. Der sieht jämmerlich aus [3]. Ein Rad liegt oben, grade neben der Tafel [4], wo das Chausseegeld darauf steht [5].

Herr Staar. Da kann er lesen zum Zeitvertreib.

Bauer. O Bücher hat er die Menge! aber alle beschmutzt,

---

1. La taxe des routes.
2. « Que votre Seigneurie m'excuse. » — 3. « Il est dans un piteux état. » — 4. Die Tafel, l'écriteau, le poteau. — 5. Wo darauf steht, sur lequel est indiqué.

so wie seine Kleider. Drum getraute er sich auch noch nicht vor
Ew. Gestrengen Gnaden zu erscheinen.

Bürgermeister. Was will er bei mir?

Bauer. Er hat mir einen halben Gulden gegeben, daß ich
den Brief hertragen und ihn anmelden soll.

Frau Staar. Vielleicht kömmt er zu dem morgenden Feste.

Sabine. (Bei Seite.) Oder vielleicht — o wie klopft mein
Herz.

Bürgermester (öffnet den Brief). Wie? was? von Sr.
Excellenz dem dirigirenden Herr Minister? dem hohen Gönner
und Patron dieser Stadt? — man schweige — man verwundre
sich — man höre — (Er liest) „Mein lieber Herr Bürgermeister" — O ja! Se. Excellenz haben mich immer geliebt. —
„Ueberbringer dieses, mein alter Schul- und Universitätsfreund,
Herr Olmers."

Sabine. (Bei Seite.) Er ist's.

Frau Staar. Herr Olmers schlechtweg? ein Freund des
Ministers?

Bürgermeister. Stille! (Er liest) „hat viel Gutes von
Ihnen und Ihrer Stadt gehört, und wünscht einige Wochen
da zuzubringen." — Hört ihr Kinder? in der Residenz sprechen
sie von nichts als von mir und unserer Stadt. — „Da ich ihn
nun sehr liebe und hochschätze, so wünsche ich, Sie möchten
die Gefälligkeit für mich haben" — unterthänigster Diener!
—„ihn in Ihrem Hause aufzunehmen" — Ew. Excellenz haben zu befehlen! — „sein etwaiges Anliegen¹ bestmöglich² zu
befördern" — soll geschehen.

Sabine. (Bei Seite.) Gottlob!

Bürgermeister. (Liest.) „und ihn als ihren eigenen Sohn
zu betrachten" — fiat! — „Mit Vergnügen werde ich jede

1. Sein etwaiges Anliegen, sa demande, de quelque nature qu'elle
puisse être. — 2. De votre mieux.

Gelegenheit ergreifen, Ihnen wiederum gefällig zu seyn.“ — Zu viel Gnade! — „Ich verbleibe mit Hochachtung meines Herrn Bürgermeisters dienstwilliger Graf von Hochberg.“ — Alles manu propria. Habt ihrs gehört? Se. Excellenz der Herr Graf von Hochberg!

Frau Staar. Er ist ein Dienstwilliger.

Herr Staar. Er verbleibt mit Hochachtung.

Bürgermeister. Er ergreift jede Gelegenheit. — Das ist ein Mann! Kinder, das ist ein Mann! der könnte alle Tage Bürgermeister in Krähwinkel werden. Aber er soll auch an mir seinen Mann gefunden haben. (Zu dem Bauer.) Marsch! fort! hinaus! Ich lasse dem fremden Herrn meinen unterthänigsten Respekt vermelden, und den Augenblick soll mein eigener Wagen ihm zu Diensten stehn.

Frau Staar. Wo denkst du hin? Unsere Pferde sind auf Feld, Kartoffeln zu holen.

Bürgermeister. Ja so[1]! ein verdammter Streich! Man springe hin zu dem Wirth in der goldenen Katze, er soll vorspannen, er soll seine Schützenuniform[2] anziehn, soll sich selber auf den Bock setzen, hinausfahren, aufladen, herein führen, fort! fort!

Bauer. (Ab.)

Sabine. (Bei Seite.) Er hat doch Wort gehalten.

Frau Staar. Aber das gefällt mir nicht, mein Sohn, daß du dem Fremden deinen unterthänigsten Respekt hast melden lassen. Das ist zu viel.

Bürgermeister. Zu viel? Ist er nicht der Freund des Herrn Grafen; und ist der Herr Graf nicht mein Dienstwilliger?

Frau Staar. Alles gut, aber er ist doch nun einmal gar

1. Oui, c'est vrai! — 2. Uniforme d'arquebusier.

nichts, hat weder Titel noch Amt, Herr Olmers schlechtweg[1]. Du bist Bürgermeister, auch Oberältester.

Bürgermeister. Freilich, freilich. Was ist zu thun? Der Bauer ist mit dem unterthänigsten Respekt nun einmal davon gelaufen.

Herr Staar. Ich denke, Frau Mutter, dahinter stecken noch ganz andere Dinge. Wenn der Herr Olmers schlechtweg Herr Olmers wäre, so würde der Minister den Henker[2] nach ihm fragen. Schulfreund? Universitätsfreund? Du lieber Gott! die vornehmen Herren vergessen wohl wen sie gestern gesehen haben; das find' ich in allen Romanen; wie viel mehr Leute, mit denen sie vor zwanzig Jahren einmal den Cornelius Nepos exponirten. Nein, nein, ich bleibe dabei, der Herr Ol= mers reist incognito, und ist ein wichtiger Mann im Staate.

Bürgermeister. Da hat der Bruder allerdings einen klu= gen Einfall. Gebt Acht, der Fremde ist nicht viel weniger als Minister.

Herr Staar. Ehe ihr's euch verseht[3], knöpft er den Ober= rock auf — da habt ihr den Stern[4].

Frau Staar. Ein Stern! ich bekomme meinen Schwindel.

Sabine. (Bei Seite.) Er trägt allerdings etwas Kostbares auf dieser Stelle.

Frau Staar. Aber sagt mir nur, was kann er denn bei uns suchen?

Bürgermeister. Fehlt es uns etwa an Merkwürdigkei= ten? Das alte Rathhaus! 1430 ist es erbaut worden. Auf dem großen Saale hat ein Hussittengeneral dem damaligen Bürger= meister eine Ohrfeige gegeben,

Herr Staar. Und die Wallfischrippe an der Decke.

---

1. Tout court. — 2. Littér. : il s'en informerait auprès du bourreau, c'est à-dire il ne s'en occuperait pas du tout. — 3. Ehe ihr es euch verseht, avant que vous vous en doutiez. — 4. Der Stern, la décoration.

Bürgermeister. Und die Stadtuhr, wo der Hahn kräht, und der Apostel Petrus mit dem Kopfe nickt.

Frau Staar. Und unsere Leinwandbleiche[1].

Herr Staar. Und das große Hirschgeweih.

Bürgermeister. Ein Pommerscher Herzog hat den Hirsch höchst eigenhändig erlegt.

Frau Staar. Vielleicht kömmt er auch wegen der Tuch=fabriken.

Bürgermeister. Possen! Ein solcher Herr hat in seinem Leben Tuch genug gesehn.

Frau Staar. Meinen Cichoriencaffee soll er bewundern.

Herr Staar. Ein gutes Buch dabei aus meiner Lesebi=bliothek.

Bürgermeister. Oder die merkwürdigsten Akten, welche von einem hochlöblichen Rathe verhandelt worden.

Frau Staar. Was wird das vor Aufsehen[2] in der Stadt machen, daß ein solcher Herr bei uns logirt.

Bürgermeister. Wir müssen ihn nur auch nach Würden empfangen.

Herr Staar. Sabinchen, laß die Kinder weiß anziehn. Ich will den Sperling herschicken, der soll sie lehren, Blumen streuen : das ist jetzt Mode.

Bürgermeister. Und ich will sogleich den Thürmer be=stellen. Er kann ein wenig die Trompete blasen. Wenn der Fremde zum Thor hereinfährt, so soll er blasen, was die Lunge nur halten will[3].

Herr Staar. Find' ich nur den Sperling, er ist capabel noch Verse zu machen.

Bürgermeister. Suche der Herr Bruder ihn auf; und

1. La blanchisserie. — 2. Was wird das vor (vor pour für) Aufsehen, quelle sensation cela ne fera-t-il pas! — 3. « Tant que ses poumons pour-ront aller. »

die Frau Mutter, nebst Jungfer Tochter, verfügen sich in die
Küche, backen, kochen, sieden, braten. Heute wird nicht von
Zinn gespeist, sondern von Fayance. Was von Silber im Hause
ist, muß auf den Tisch. Meine silberne Tabaksdose kann als
Salzfaß gebraucht werden. — Das große Deckelglas mit meinem
verzogenen Namen [1] wird vor den Fremden gestellt. Kein
schwarzes Brod, lauter Semmeln. Zwei Flaschen von meinem
köstlichen Naumburger. Ein Kalbskopf mit einem vergüldeten
Lorbeerblatt im Maule. Eine Pastete mit Morcheln, und eine
gebratene Gans mit Borsdorferäpfeln [2]. O Se. Excellenz
sollen wissen, daß wir auch verstehen, was dazu gehört [3].

Frau Staar. Und was des Nöthigen betrifft, da verlaß
dich auf mich. Ich will ihn nöthigen, so lange noch ein Bissen
hinein geht. Er soll einen Knopf nach dem andern von der
Weste springen lassen.

Bürgermeister. Das thue die Frau Mutter. Komm der
Herr Bruder. Jeder verrichte das Seine, zur Ehr' und Ruhm
unserer guten Stadt Krähwinkel! (Ab mit Herrn Staar.)
Kotzebue.

———

Le Repas chinois.

Wir fanden uns bald in dem Speisesaal versammelt, wo
unsere Gastwirthe uns erwarteten. Dieser Saal war mit La=
ternen, die, voll glänzender Zeichnungen, mit seidenen Quasten
behängt waren, beleuchtet, und in der That in jeder Beziehung
reich ausgeschmückt. Ungeheure Rahmen mit farbigen Gläsern
bildeten statt der Mauer den Hintergrund des Zimmers, das auf
der andern Seite mit Papierrollen behängt war, auf denen eine
Menge Sittensprüche in chinesischer Schrift geschrieben standen.

1. Littér.: avec mon nom enlacé; mon chiffre.» — 2. Grosses pommes de
Borsdorf. —3. Ce qu'il faut.

Ein prächtiger Teppich bedeckte den Boden, und alle aus grün gefirnißtem Holze gefertigten Stühle waren mit Decken von blauem Tuch überzogen, auf welchen Blumen mit Seide einge=stickt waren. Anricht=tische[1] waren im Saale umhergestellt und sollten dazu dienen, um Platten und Teller darauf zu stellen und um die Braten zu zerschneiden; endlich in der Mitte waren drei Tische im Triangel aufgestellt, aber ganz von einander getrennt. An jedem der selben sollten fünf Gäste Platz nehmen mit einem der Herren des Hauses, als Vorteher. Es ist zu bemerken, daß diese Aufstellung im Triangel nicht bloß Modesache ist, sondern durch die Nothwendigkeit geboten wird; denn die großen Gast=mähler bei den Chinesen sind stets von Tänzen oder Darstel=lungen von Jongleurs begleitet. Damit nun jedermann gut sehen könne, ohne von der Stelle zu rücken, müssen die Tische so aufgestellt seyn, daß die eine Seite leer bleibt. Dies war denn auch hier der Fall. Ein Freund unseres Wirthes machte die Hon=neurs an dem Tische, wo ich saß. Jeder hatte vor sich eine Un=tertasse von Porzellan, zwei kleine Stäbchen von Ebenholz, unten mit Silber verziert, und in einem dreieckigen, rothen und weißen Papier einen Zahnstocher aus dem Flügelglied[2] ei=ner Fledermaus; endlich eine ganz kleine Tasse zum Trinken des Kamschu[3] und eine kleine Untertasse voll schwarzer Sauce aus Asseln.[4] Ein Dutzend Schüsseln aus blaubeblümtem Por=zellan mit delikat zubereiteten, uns aber ganz unbekannten Speisen, bedeckten einen großen Theil des Tisches; der nicht besetzte Theil desselben, der nur das Auge reizen und unberührt bleiben sollte, war mit einer Menge von Schüsseln voll Blu=men und Früchten, sowie mit Kuchen bedeckt, die mit Orange=kernen so künstlich und in so bizarren Formen bespickt waren,

1. Tranchoirs. — 2. Aileron. — 3. Vin de riz des Chinois. — 4. Sauce aux cloportes.

daß man vergebens nach einem Namen für diese verdeckten Platten suchte.

Nun begann das Mahl; zuerst hatte ich meine liebe Noth mit den Stäbchen, endlich aber gelang es, aus einem wunder= lichen Gemische, worin ich Gurkenschnitte, Würste und derglei= chen erkannte, einige Brocken herauszufischen; es war nicht schlecht, obgleich in dem Ragout sich getrocknete und geräucherte Haienflossen[1] befanden. Ich kostete sodann etwas Gebratenes, das aus Schwalben gemacht sein sollte; auch dies war sehr gut, nur fand ich einen starken, ekelerregenden Geschmack wieder, den ich schon bei der ersten Schüssel bemerkt hatte. Auch die berühm= ten Vogelnester waren etwas fad, und der fatale Geschmack, der mir den Magen umdrehte, verfolgte mich allenthalben, so daß mein Widerwille gegen das Essen sich fortwährend steigerte. Eine infernalische, der europäischen Küche unbekannte Zuthat befand sich in allen, übrigens vortrefflich zubereiteten Speisen. Ich fragte, was es sein könnte : es war Ricinusöl[2]! Noch etwas plagte mich fortwährend. Jeden Augenblick mußte ich meinem Nachbar, dem Chinesen, auf die Gesundheit die er ausbrachte Bescheid thun, und die kleine Tasse mit Kamschu leeren; es ist dies eine Art süßsaurer weißer Wein, aus gegoh= renem Reis und andern Ingredienzen bereitet, und wird warm genossen. Ich hätte viel darum gegeben, einige Gläser Wasser trinken zu können; aber. Brot und Wasser sind an einem chi= nesischen Tische verbotene Dinge. Die Etikette nöthigte mich auf die Gesundheiten Bescheid zu thun, und dann die Tasse um= zustürzen, zum Zeichen daß nichts mehr darin sei. Der ver= zweifelte Mundschenk[3] aber mit seiner unerbittlichen Kanne kam jeden Augenblick wieder, um sie zu füllen.

Grube.

Nageoires de requin. — 2. Huile de ricin. — 3. Echanson.

La Fête de l'agriculture.

Ein von den Chinesen sehr geehrtes und ihre alte Hochachtung für den Ackerbau beweisendes Fest ist dasjenige, welches Statt findet, wenn die Sonne den 15. Grad des Wassermannes[1] erreicht. Der Gouverneur jeder Hauptstadt begiebt sich in Prozession nach dem östlichen Thore, um den Frühling zu empfangen, den ein Zug mit einer großen Thonfigur darstellt, die einem Büffel ähnlich sieht, welchen die Chinesen Wasserochs[2], wegen seiner Neigung für schlammige Gewässer nennen, und der verwendet wird, um ihre Pflüge durch die Reisfelder zu ziehen. Den Zug begleiten Tragbahren[3], auf denen sich phantastisch gekleidete und mit Blumen geschmückte Kinder befinden, die mythologische Figuren darstellen, und das Ganze ist von einer Musikbande begleitet. Sobald alle das Haus des Gouverneurs erreicht haben, hält derselbe in seiner Eigenschaft als Priester des Frühlings eine Rede, worin er die Sorge für den Ackerbau empfiehlt; darauf, wenn er den thönernen Büffel drei Mal mit der Peitsche geschlagen hat, fällt das Volk darüber her und bricht das Bild entzwei, das in seinem Innern noch eine Menge kleiner Thonfiguren birgt, um die nun die Menge sich reißt und rauft. Diese Ceremonie hat einige Aehnlichkeit mit der Procession des Apisochsen der alten Egypter, die auf gleiche Weise mit den Arbeiten des Feldbaues und den Hoffnungen auf ein fruchtbares Jahr verknüpft war.

In derselben Zeit ehrt auch der Kaiser den Ackerbau durch die Ceremonie des Pflügens. Begleitet von einigen Prinzen und den ersten Ministern des Reichs, begiebt er sich zu dem eigens für diesen Zweck bestimmten Felde in dem abgeschlossenen Raume, der den „Tempel der Erde‟ umgiebt, wo alles durch

1. Le Verseau. — 2. Bœuf marin. — 3. Brancards.

dazu angestellte ordentliche Pflüger gehörig vorbereitet worden ist. Nachdem der Kaiser von dem auf diesem Felde gewonnenen Getreide den Göttern geopfert hat, pflügt er einige Furchen, worauf ihm die Prinzen und Minister der Reihe nach folgen. Darauf werden die fünf Getreidearten gesäet, und, sobald der Kaiser die Vollendung der Arbeiten durch die gegenwärtigen Feldarbeiter angesehen hat, wird das Feld der Aufsicht eines Beamten übergeben, dessen Geschäft es ist, den Ertrag davon einzusammeln und für die Opfer aufzubewahren.

Davis.

—

Hector et Andromaque (¹).

Andromache.

Will sich Hektor ewig von mir wenden,
Wo Achill mit unnahbaren Händen
Dem Patroklus schrecklich Opfer bringt?
Wer wird künftig deinen Kleinen lehren
Speere werfen und die Götter ehren,
Wenn der finstre Orkus dich verschlingt?

Hektor.

Theures Weib, gebiete deinen Thränen!
Nach der Feldschlacht ist mein feurig Sehnen,
Diese Arme schützen Pergamus.
Kämpfend für den heil'gen Herd der Götte
Fall' ich, und des Vaterlandes Retter
Steig' ich nieder zu dem styg'schen Fluß.

1. Dialogue imité de l'Iliade, chant sixième.

Andromache.

Nimmer lausch' ich deiner Waffen Schalle,
Müßig liegt dein Eisen in der Halle,
Priams großer Heldenstamm verdirbt.
Du wirst hingehn, wo kein Tag mehr scheinet,
Der Cocytus durch die Wüsten weinet,
Deine Liebe in dem Lethe stirbt,

Hektor.

All mein Sehnen will ich, all mein Denken
In des Lethe stillen Strom versenken,
Aber meine Liebe nicht.
Horch! der Wilde tobt schon an den Mauern,
Gürte mir das Schwert um, laß das Trauern:
Hektors Liebe stirbt im Lethe nicht!

Schiller.

—

Chant triomphal des Grecs (1).

Priams Feste war gesunken,
Troja lag in Schutt und Staub,
Und die Griechen, siegestrunken,
Reich beladen mit dem Raub,
Saßen auf den hohen Schiffen,
Längs des Hellespontos Strand,
Auf der frohen Fahrt begriffen
Nach dem schönen Griechenland.

1. On ne saurait trop admirer dans cette scène solennelle, pour laquelle Schiller n'a pas eu de modèle, l'art avec lequel il a reproduit le caractère propre de chacun des héros.

Stimmet an die frohen Lieder!
Denn dem väterlichen Herd
Sind die Schiffe zugekehrt,
Und zur Heimath geht es wieder.

Und in langen Reihen, klagend,
Saß der Trojerinnen Schaar [1],
Schmerzvoll an die Brüste schlagend,
Bleich, mit aufgelöstem Haar.
In das wilde Fest der Freuden
Mischten sie den Wehgesang,
Weinend um das eigne Leiden
In des Reiches Untergang.
    Lebe wohl, geliebter Boden!
    Von der süßen Heimath fern,
    Folgen wir dem fremden Herrn.
    Ach wie glücklich sind die Todten!

Und den hohen Göttern zündet
Kalchas jetzt das Opfer an [2]:
Pallas, die die Städte gründet
Und zertrümmert, ruft er an,
Und Neptun, der um die Länder
Seinen Wogengürtel schlingt,
Und den Zeus, den Schreckensender,
Der die Aegis grausend schwingt.
    Ausgestritten, ausgerungen
    Ist der lange, schwere Streit,
    Ausgefüllt der Kreis der Zeit,
    Und die große Stadt bezwungen!

1. Les Troyennes captives. — 2. Divinités protectrices des Grecs.

Atreus' Sohn, der Fürst der Schaaren[1],
Uebersah der Völker Zahl,
Die mit ihm gezogen waren
Einst in des Skamanders Thal.
Und des Kummers finstre Wolke
Zog sich um des Königs Blick;
Von dem hergeführten Volke
Bracht' er wen'ge nur zurück.
　　Drum erhebe frohe Lieder,
　　Wer die Heimath wieder sieht,
　　Wem noch frisch das Leben blüht;
　　Denn nicht alle kehren wieder.

Alle nicht, die wieder kehren,
Mögen sich des Heimzugs freuen,
An den häuslichen Altären
Kann der Mord bereitet sein.
Mancher fiel durch Freundestücke,
Den die blut'ge Schlacht verfehlt!
Sprach's Ulyß mit Warnungsblicke,
Von Athenens Geist beseelt[2].
　　Glücklich, wem der Gattin Treue
　　Rein und keusch das Haus bewahrt:
　　Denn das Weib ist falscher Art,
　　Und die Arge liebt das Neue.

Und versöhnt, mit milden Triebe,
Freut sich Menelaus, und blickt
Auf die neu erkämpfte Liebe[3],
Zärtlich fühlend, hochbeglückt.

1. Agamemnon, chef de l'armée grecque, décimée par un long siége. —
2. Ulysse, éclairé par Minerve, fait allusion à Clytemnestre. — 3. Hélène,
reconquise par Ménélas.

Böses Werk muß untergehen,
Rache folgt der Frevelthat;
Denn gerecht in Himmelshöhen
Waltet des Kroniden Rath.

  Böses muß mit Bösem enden;
  An dem frevelnden Geschlecht
  Rächet Zeus das Gastesrecht,
  Wägend mit gerechten Händen.

Wohl dem Glücklichen mag's ziemen,
Ruft Oileus' tapfrer Sohn[1],
Die Regierenden zu rühmen
Auf dem hohen Himmelsthron.
Ohne Wahl vertheilt die Gaben,
Ohne Billigkeit das Glück;
Denn Patroklus liegt begraben,
Und Thersites kommt zurück!

  Weil das Glück aus seiner Tonnen
  Die Geschicke blind verstreut,
  Freue sich und jauchze heut,
  Wer das Lebensloos gewonnen!

Ja der Krieg verschlingt die Besten!
Ewig werde dein gedacht,
Bruder, bei der Griechen Festen,
Der ein Thurm war in der Schlacht[2]!
Da der Griechen Schiffe brannten,
War in deinem Arm das Heil;
Doch dem Schlauen, Vielgewandten
Ward der schöne Preis zu Theil.

1. Ajax, fils d'Oilée, incrédule, met en doute la justice des dieux. —
2. Il déplore la mort d'Ajax, fils de Telamon, son glorieux homonyme.

Friede deinen heil'gen Resten!
Nicht der Feind hat dich entrafft,
Ajax fiel durch Ajax Kraft.
Ach, der Zorn verderbt die Besten!

Dem Erzeuger jetzt, dem großen,
Gießt Neoptolem des Weins[1] :
Unter allen ird'schen Loosen,
Hoher Vater, preis' ich deins.
Von des Lebens Gütern allen
Ist der Ruhm das höchste doch;
Wenn der Leib in Staub zerfallen,
Lebt der große Name noch.
    Tapfrer, deines Ruhmes Schimmer
    Wird unsterblich sein im Lied;
    Denn das ird'sche Leben flieht,
    Und die Todten dauern immer!

Wenn des Liedes Stimmen schweigen
Von dem überwundnen Mann,
So will ich für Hektorn zeugen,
Hub der Sohn des Tydeus an[2],
Der für seine Hausaltäre
Kämpfend, ein Beschirmer, fiel.
Krönt den Sieger größre Ehre,
Ehret ihn das schönre Ziel.
    Der für seine Hausaltäre
    Kämpfend sank, ein Schirm und Hort,
    Auch in Feindes Munde fort
    Lebt ihm seines Namens Ehre!

---

1. Pyrrhus, fils d'Achille, prédit l'immortelle renommée de son père.
— 2. Diomède, rival d'Achille, vante le noble dévouement d'Hector.

Nestor jetzt, der muntre Zecher[1],
Der drei Menschenalter sah,
Reicht den laubumkränzten Becher
Der bethränten Hekuba :
Trink' ihn aus, den Trank der Labe,
Und vergiß den großen Schmerz!
Wundervoll ist Bacchus Gabe,
Balsam fürs zerrißne Herz.
    Trink' ihn aus, den Trank der Labe,
    Und vergiß den großen Schmerz!
    Balsam fürs zerrißne Herz,
    Wundervoll ist Bacchus Gabe.

Denn auch Niobe, dem schweren
Zorn der Himmlischen ein Ziel[2],
Kostete die Frucht der Aehren
Und bezwang das Schmerzgefühl.
Denn so lang die Lebensquelle
Schäumet an der Lippen Rand,
Ist der Schmerz in Lethes Welle
Tief versenkt und festgebannt.
    Denn so lang die Lebensquelle
    An der Lippen Rande schäumt,
    Ist der Jammer weggeträumt,
    Fortgespült in Lethes Welle.

Und von ihrem Gott ergriffen,
Hub sich jetzt die Seherin[3],
Blickte von den hohen Schiffen
Nach dem Rauch der Heimath hin:

1. Nestor est peint ici comme un vieillard jovial, mais compatisant envers la malheureuse Hécube. — 2. Souvenir de Niobé privée de tous ses enfants par la vengeance de Latone. — 3. Cassandre, la prêtresse troyenne, inspirée par Apollon, jette un regard prophétique sur l'avenir.

Rauch ist alles ird'sche Wesen;
Wie des Dampfes Säule weht,
Schwinden alle Erdengrößen;
Nur die Götter bleiben stät.
Um das Roß des Reiters schweben,
Um das Schiff die Sorgen her;
Morgen können wir's nicht mehr,
Darum laßt uns heute leben!

Schiller.

FIN DES VERSIONS ALLEMANDES.

PARIS. — IMP. VICTOR GOUPY, RUE G. RANCIÈRE, 5